EL PODER
de una
PROMESA
CUMPLIDA

RELATOS
DE LA VIDA
REAL POR
GREGG LEWIS

EDITORIAL
UNILIT

Los nombres de las personas y ciertos pormenores de los casos de estudio en este libro, han sido cambiados para proteger la privacidad de los individuos involucrados. Sin embargo, los principios que se enfatizan han sido mantenidos con la mayor precisión posible.

Publicado por
Editorial **Unilit**
Miami, Fl. 33172 U.S.A.
Derechos reservados

Primera edición 1996

Traducido al español por: Julio Fernández

Producto 497272
ISBN 0-7899-0147-1
Impreso en Colombia
Printed in Colombia

Contenido

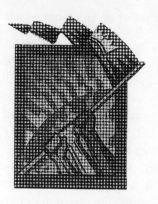

Introducción:
El poder de una promesa cumplida

Tal vez este libro sea el más extraordinario que ha leído. Sus 13 historias no son sobre héroes deportivos o famosos artistas. No encontrará ningún jefe ejecutivo del *Fortune 500* revelando los secretos de su éxito. En lugar de eso, estas historias son de hombres como usted. Por fuera, se parecen a muchos individuos que se encuentran en la iglesia, el trabajo o en el vecindario. Ellos tienen familia, carreras y sueños. Pero todos saben que sus vidas no son perfectas, aunque la mayoría jamás ha contado sus temores secretos a nadie.

Desean una profunda amistad con otro hombre pero no saben cómo empezar el proceso.

Tratan de equilibrar sus prioridades, pero se sienten atrapados por las circunstancias que no pueden cambiar.

Quieren relaciones más profundas con sus padres e hijos, pero no saben cambiar los patrones de la comunicación negativa.

Se enfrentan a decisiones de conciencia difíciles y sienten que no tienen a nadie en quien confiar.

Actúan torpemente en el matrimonio, saben que sus esposas no son felices, pero no saben qué hacer para cambiar.

Piensan en las preguntas más grandes de la vida, como "¿Por qué estoy aquí?", pero están demasiado ocupados para buscar las respuestas.

Bien, usted tal vez no pueda identificarse con todas estas generalizaciones, pero supongamos que se identifique con una o más, y sin duda alguna puede expandir la lista. Es por eso que este libro fue escrito para usted, para ayudar a hombres reales que están viviendo la vida en las trincheras, a poner en alto los valores de Dios.

Dudamos que usted desee quedarse donde está. Usted quiere ser un mejor hombre de Dios, y desea ser conocido como un hombre de integridad. Usted quiere mejorar su habilidad de suplir las necesidades de las personas importantes en su vida, ya sea casado o soltero, aspira a hacer una diferencia duradera en el mundo.

Pero, ¿dónde comenzar? Puede comenzar con algunas promesas básicas. Le sugerimos siete:

1. Honraré a Jesucristo a través de la oración, adoración y obediencia a su Palabra en el poder del Espíritu Santo.

2. Estableceré una relación vital con algunos otros hombres, comprendiendo que necesito a los hermanos para que me ayuden a cumplir mis promesas.

3. Practicaré la pureza espiritual, moral, ética y sexual.

4. Edificaré un matrimonio y familia fuertes a través del amor, la protección y los valores bíblicos.

5. Apoyaré la misión de mi iglesia honrando y orando por mi pastor y dando activamente de mi tiempo y recursos.

6. Alcanzaré más allá de toda barrera racial y denominacional para demostrar el poder de la unidad bíblica.

7. Ayudaré a ejercer una influencia positiva en el mundo, obedeciendo el gran mandamiento (Marcos 12:30-31) y la gran comisión (Mateo 28:19-29).

Esos simples siete compromisos toman toda una vida vivirlos. Nosotros explicamos las siete promesas en detalle en el libro *"Las siete promesas de un cumplidor de su palabra"*. Este libro es el próximo paso. Deseamos que vea qué pasa cuando los hombres buscan vivir esas promesas. Deseamos que vea que es un proceso, en ocasiones una lucha. Pero vale la pena, porque en el camino encontrará las respuestas a sus necesidades más profundas como hombre.

Los teólogos llaman a este proceso "la santificación progresiva". Ese es un término de gran peso que es expresado con sencillez en Romanos 8:29: "Desde el mismo principio Dios decidió que los que se le acercaran ... fueran como el Hijo, para que El fuera el mayor entre muchos hermanos" (La Biblia al Día). En otras palabras, como cristianos, debemos volvernos más y más como Jesucristo.

Por favor note que esto no significa que usted se vuelva perfecto de la noche a la mañana. Sabe por experiencia que ése no es el caso. Los cambios positivos toman tiempo. Es un proceso de crecimiento. En ocasiones damos un paso hacia atrás por cada dos pasos que damos hacia adelante. Pero ningún paso positivo es demasiado pequeño, y el propósito de Dios es claro. Si usted se consagra a Dios, El le transformará.

En segundo lugar, usted tendrá sus altas y bajas. En ocasiones fracasará. A ninguno de nosotros nos gusta fracasar, pero sucede. Así que cuando fracase, vuélvase a levantar y siga caminando hacia adelante, transformándose en todo lo que Dios desea que usted sea. Algunos de ustedes tal vez sientan que han cometido demasiados errores para poder recuperarse. Quizás usted fracasó en su matrimonio y le costó el divorcio. O quizás fue despedido de su trabajo, traicionó a un amigo o fue sorprendido infringiendo la ley y tuvo que ir a la cárcel. Pero deseamos que recuerde que nunca es demasiado tarde para comenzar de nuevo. A Dios le encanta darles a sus hijos otra oportunidad.

Y en tercer lugar, no trate de hacer cambios demasiado grandes al mismo tiempo. Un pequeño paso de fe y obediencia por vez le llevará a la meta de llegar a ser como Cristo. Esperamos que este libro le ayude a identificar y a tomar esos pequeños pasos. También entienda que todos los cambios, aun los buenos, crean tensiones en el hogar. Sea paciente y permita que su familia se acostumbre a la diferencia en usted; ellos necesitarán tiempo para convencerse de que los cambios van a durar.

Ahora un consejo sobre este libro. Las historias son de casos verdaderos que muestran cómo (y cómo no) aplicar la verdad de la Palabra de Dios. Al final de cada caso (y ocasionalmente en el medio), le haremos preguntas para ayudarle a evaluar su propia vida. Al final de cada capítulo se encuentran más preguntas para usarse en un grupo de estudio. Aunque usted puede ciertamente leer este libro a solas, el mayor beneficio surgirá cuando comente estas historias y preguntas dentro del contexto de un grupo pequeño de hombres.

Pero también necesitamos advertirle que existen algunas sorpresas. En tres ocasiones, hemos omitido el final de la historia para que usted no sepa lo que sucedió. Esto es para que medite en los asuntos involucrados en la historia.

Y recuerde, los caminos de los hombres en este libro serán diferentes del de usted. Sabemos que no toda historia contiene un final feliz, al menos desde un punto de vista humano. Puede que usted trate de reconciliar una relación y sea rechazado. Tal vez haga lo correcto y sienta que está siendo castigado por defender su posición. En estas historias, le

animamos a que busque los principios. Descubra las promesas que estos hombres hicieron, y dése cuenta de que Dios
honrará estos compromisos, aun cuando las personas a su
alrededor no lo entiendan.

También note cómo en casi todas las historias uno o más
hombres acompañaron al hombre del cual habla la historia.
El punto a notar aquí es que no lo podemos lograr solos.
Necesitamos ayuda. Necesitamos hermanos que nos animen,
que nos confronten y que nos pidan cuenta. Cuando los
hermanos cristianos tienen verdadera amistad, la carga que
llevan deja de ser tan pesada, y los compromisos que hacen
no los intimidan tanto. La realidad es que si usted desea llegar
a ser todo lo que Dios quiere que sea, necesita al menos otro
hermano cristiano que le ayude a llegar allí.

Creemos que Dios quiere usar a hombres comunes, hombres que proclamen los valores de la Palabra de Dios, que
cumplan sus promesas y que en el proceso se conviertan en
hombres *extraordinarios*. Habrá un precio que pagar, pero
también habrá grandes beneficios. Las 13 historias que leerá
aquí son acerca de hombres que han puesto en alto sus
valores. Ellos han hecho promesas y las han cumplido aun
cuando les ha costado mucho. Algunos de ellos inclusive han
tenido que enfrentarse al dolor de romper sus promesas. No
fue fácil. Ha habido mucha lucha, y la lucha continúa. Pero
Dios ha honrado su perseverancia y compromiso para toda la
vida, y El también honrará los de usted.

Eso es lo que queremos decir cuando hablamos del poder
de cumplir una promesa. Finalmente, una palabra de agradecimiento al equipo de los Cumplidores de Promesas, los
cuales son responsables por el material de este libro y quienes
escribieron la introducción de los capítulos, las evaluaciones
personales, las preguntas para discutir en grupo y las secciones tituladas "Mi respuesta" para cada capítulo. Esa junta de
consejeros fue formada mayormente por miembros de los
Cumplidores de Promesas e incluyó a John Allen, gerente de
investigación; al doctor Rod Cooper, director nacional de
los ministerios educacionales; al doctor Gordon England,

director nacional de los ministerios de oración y evangelismo; a Jim Gordon, gerente de publicaciones; al doctor Gary Oliver, miembro de la junta; a Peter Richardson, vicepresidente de servicios de comunicaciones; al doctor E. Glenn Wagner, vicepresidente de avance en el ministerio; a David R. White, asistente especial al vicepresidente de servicios de comunicaciones; a Al Janssen, director de publicaciones, Enfoque a la Familia; y a Larry Weeden, editor del libro, Enfoque a la Familia.

Dios le bendiga a medida que usted usa este libro.

Randy Phillips
Presidente
Cumplidores de Promesas

Capítulo 1

Introducción

Es fácil que lo que creemos ejerza influencia en lo que hacemos el domingo. El asunto en realidad es la diferencia que nuestra fe hace el lunes por la mañana. Hay muchas situaciones y circunstancias en las cuales "lo que los cristianos deben hacer es evidente". Siempre es malo mentir, engañar, robar, dar falso testimonio. Pero, ¿qué hacemos cuando nos enfrentamos a una situación para la cual no hay una enseñanza clara de las Escrituras que nos guíe? ¿Seremos acaso dejados a la deriva? ¿Tiramos una moneda al aire y le pedimos a Dios que la guíe a caer cara o cruz?

Nuestra sociedad está andando por un camino mortal de relativismo moral. Todos los valores son al menos negociables y en el peor de los casos no existen. Cada día ejercen influencia sobre nosotros la filosofía y los valores de aquellos a nuestro alrededor. Y como hombres cristianos, es posible volverse insensibles a esa influencia relativista sin ni siquiera notarlo. Aun muchos pastores piadosos, profesores de seminario y líderes respetados (sin dejar de mencionar a hombres de negocio, mecánicos, ingenieros y otros laicos), no se han dado cuenta de los pequeños y sutiles cambios que están tomando lugar en sus propias vidas.

Como resultado, han caído en serias dificultades. No fue su intención. Ni siquiera pensaron que pudiera sucederle a ellos, pero les sucedió.

Si es su deseo convertirse en un cumplidor de promesas, usted debe preguntarse: "¿Entiendo la importancia de la pureza moral y ética?" En su enseñanza, Jesús estableció una conexión directa entre el cristianismo y la moralidad. Lo que somos debiera tener un impacto directo en lo que hacemos. La Biblia nos ordena ser "santos y sin mancha" (Efesios 1:4), a que "andéis como es digno de la vocación con que fuisteis llamados" (Efesios 4:1), a ser hombres "a la medida de la estatura de la plenitud de Cristo" (Efesios 4:13), "imitadore de Dios" (Efesios 5:1), a conservarnos puros (1 Timoteo 5:22) y a guardarnos "sin mancha del mundo" (Santiago 1:27).

¿En qué piensa cuando escucha la palabra santo? La mayoría de nosotros pensamos en otra persona y no en nosotros mismos. En ambos idiomas, el hebreo y el griego, las lenguas originales del Antiguo y Nuevo Testamentos, la palabra se refiere a algo o alguien separado para Dios. Una de la principales características de un hombre santo es la pureza. Algo que es puro no tiene manchas, ni suciedad, está libre de lo que debilita o da impureza, libre de fallas morales. Ese es nuestro llamados.

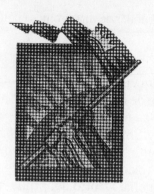

Un cumplidor de promesas se esfuerza por alcanzar integridad en la ética

S upongamos que usted está a cargo del proyecto más grande en la historia de su compañía y que por causa de factores más allá de su control, las cosas no están marchando tan bien como todo el mundo esperaba. Para peor, a usted se le pide que haga algunos "arreglos" en la contabilidad. El no hacerlos le podría costar a su compañía el contrato y a usted su empleo. ¿Qué haría usted?

Este es el tipo de dilema al que se enfrentó Jeff Vaughn hace varios años. Después de asistir a una conferencia de fin de semana en el año 1993, él les contó a los Cumplidores de Promesas sobre la lucha a la que se había enfrentado al aplicar su fe a sus responsabilidades en una de las principales compañías de aeronáutica. Lo que era para él un dilema muy personal tenía implicaciones nacionales en un proyecto de varios billones de dólares en el cual estaba trabajando su compañía para el gobierno federal. Sin embargo, para poder comprender y apreciar completamente el compromiso de Jeff de ser un hombre de integridad en el trabajo, sería beneficioso conocer algo de su trasfondo personal y profesional.

Cuando Jeff y Sheila Vaughn se casaron hace más de 15 años, ellos trajeron a cinco hijos y una enorme carga de emociones a su relación; era el segundo matrimonio para él, y el tercero para ella. Dentro del primer año, ellos comenzaron a tener serios problemas matrimoniales. Sheila admite que ellos aprendieron con rapidez que la "pasión y el amor no eran suficiente para sostener al matrimonio unido. No teníamos ningún fundamento sólido sobre el cual edificar".

Espiritualmente, ellos estaban a la deriva. Jeff dice que él era "un reincidente, y un cristiano muy carnal". A pesar de su crianza religiosa, Sheila dice: "Yo nunca escuché, o al menos nunca entendí, el plan básico de la salvación".

Pero un día un compañero que trabajaba en la misma compañía que Sheila, en la cual ella estaba ascendiendo con rapidez, le contó algo de su testimonio. Quizás porque Sheila estaba experimentando tal torbellino en su matrimonio, escuchó y luego comenzó a hacer preguntas. "Toda mi vida yo había estado buscando respuestas", ella cuenta. "De momento, lo que él estaba diciendo tuvo sentido para mí".

Emocionada por lo que había escuchado, Sheila regresó a su hogar para contarle a Jeff sobre esta nueva comprensión espiritual. Y como su compañero de trabajo la había invitado a que visitara su iglesia, ellos fueron el siguiente domingo en la mañana. Al final del servicio de adoración, cuando se hizo la invitación, Sheila pasó adelante para aceptar a Jesucristo como su Salvador personal. Jeff fue con ella y dedicó de nuevo su vida al Señor.

"Repentinamente me convertí en una nueva creyente llena de fervor", recuerda Sheila. "Ya no podía seguir pensando en abandonar a Jeff; estaba unida a él. Al no encontrar ninguna alternativa, me puse de rodillas e imploré a Dios que nos ayudara a restaurar nuestro matrimonio".

Jeff cuenta: "Ella me pidió perdón. Yo le pedí perdón a ella, ambos determinamos que con la ayuda de Dios, restauraríamos nuestro matrimonio".

"Y así ha sido", Sheila añade. "Si habla con cualquiera que nos conoce, le dirá que después de todo este tiempo, aún actuamos como recién casados".

No quiere decir que todo cambió de la noche a la mañana. La familia Vaughn admite que ha sido un proceso. Ellos han tenido y continúan teniendo su dosis de altas y bajas. "Si me pongo a recordar hace 15, 12 o aun 10 años atrás y luego miro dónde estoy hoy", nos dice Jeff, "no puedo evitar pensar: *¡Qué maravilla! ¿Cómo pude llegar de allí hasta aquí?*" Ese alentador sentido de progreso y crecimiento no sólo se aplica a su matrimonio, sino también a otras áreas de sus vidas, como el trabajo de Jeff.

Casi todos los negocios que hace la compañía de Jeff son con el gobierno, ya sea contratados directamente con una de las ramas militares como la NASA u otra agencia federal, o subcontratando alguna parte del proyecto cuando es hecho por una de las mayores firmas aerospaciales. A cada programa que maneja su compañía se le asigna un equipo de administración cuyo trabajo es supervisar el cumplimiento del contrato. Jeff es uno de esos profesionales ejecutivos, y su responsabilidad es los costos y la administración del programa. "En otras palabras", explica él, "mi trabajo es asegurarme que mi compañía entregue los equipos y el material de programación que estamos produciendo para nuestro cliente dentro del tiempo señalado y por el precio especificado en nuestro contrato".

Parte de la responsabilidad de la administración de tales contratos a largo plazo y de varios millones de dólares es mantenerse al tanto de los cambios constantes en especificaciones y planes hechos por los ingenieros del cliente, o por los caprichos de los políticos que finalmente controlan la parte financiera de cualquier proyecto gubernamental. Así que Jeff no sólo tiene que vigilar el trabajo de su propia compañía en un proyecto, sino que también tiene que servir como enlace manteniendo al cliente al día en los progresos de su compañía, y manteniendo a su compañía al tanto de los cambios que demanda el cliente. Este papel de coordinación requiere una interacción extensa con los representantes del cliente a través de revisiones administrativas, informes de progreso, sesiones de información e inspecciones en el lugar donde se realiza el trabajo.

Por varios años, Jeff estuvo asignado a la parte que le correspondía a su compañía en el programa de la estación espacial. Aunque su firma no había sido contratada directamente por la NASA, los proyectos de subcontrato que él supervisó significaron 10 años de labor y cientos de millones de dólares. El programa total de la estación espacial significaba billones de dólares al año para todas las compañías que estaban involucradas. "Nuestra parte representaba el contrato más grande que nuestra firma hubiera tenido jamás", dijo Jeff. Cualquier proyecto tan grande del gobierno se convierte en un tema político. Los fondos siempre están en discusión, y si el programa se atrasa o se incurre en gastos inesperados, tanto los políticos que apoyan como los que se oponen comienzan a aplicar presión. Mientras que esa presión por regla general comienza desde arriba, se siente rápidamente a lo largo de la línea de autoridad. Dado que Jeff era el hombre de su compañía que supervisaba los costos y el programa, la mayoría de la presión caía sobre sus hombros.

Eso justamente fue lo que sucedió, porque el programa de la estación espacial fue el proyecto de más retos y problemas con el que Jeff y su compañía habían tenido que lidiar. El tamaño del programa en sí y la multitud de subcontratistas involucrados hacía de la logística algo bastante complicado. Para dificultar las cosas más aún, los cambios constantes de ingeniería por parte de la NASA y los contratistas de alto nivel resultaron en literalmente cientos de cambios de contrato para la compañía de Jeff. Y Jeff, cuyo trabajo era vigilar cada cambio para que el costo y el programa pudieran ser ajustados en cada caso, se iba atrasando en dichos cambios de contrato porque el cliente de su compañía no le comunicaba esos cambios a tiempo.

"Era una pesadilla de logística y administración", dice él. Lo que rutinariamente sucede en tales programas es que los contratistas rara vez reconocen los costos adicionales en los primeros años. En su lugar, por ejemplo, un contratista a quien se le da un presupuesto anual de $100 millones de dólares para proveer algo específico, luego escribe informes indicando que lo hizo, y que en verdad, no gastó más de los presupuestados $100 millones para proveer esto y un poco de aquello, con el resto de "aquello" ahora designado para provenir del presupuesto de $100 millones del año próximo. Pero entonces, a menos que los costos puedan ser cortados en alguna otra parte (lo cual es poco probable), un efecto de "alud" entra en acción, y alguna otra cosa tiene que ser movida al próximo año para poder concluir las metas del año anterior. Si ese patrón continúa, el problema oculto se agranda cada vez más hasta que la verdad finalmente sale a relucir. Para entonces, todo el mundo tiene ya demasiado invertido como para abandonar el proyecto, así que lo único que se puede hacer es separar fondos adicionales para los años que quedan del programa o extender el proyecto algunos años más (lo que en realidad viene a ser lo mismo).

Esto es justamente lo que sucedió con el monumental programa de la estación espacial de la NASA. "Todos los años que yo estuve en el programa, luchamos una batalla constante, por causa de los continuos cambios para trabajar dentro del presupuesto para el año, y entregar lo que habíamos prometido dentro del tiempo prometido", dijo Jeff. "La presión comenzó por el oficial más alto hasta el más bajo de la NASA, a nuestro cliente y a todos los otros contratistas. Si todos no entregábamos todo lo que se suponía que entregásemos por el precio acordado en el contrato, no solamente nos veríamos mal nosotros, sino que nuestro cliente y su cliente se verían mal también, y así todo el mundo hasta la NASA. Luego, cuando el Congreso investigase el presupuesto de la NASA, si el programa parecía tener serios problemas de gastos adicionales, los políticos pudieran muy bien terminar todo el proyecto. Esto no sólo costaría billones de dólares anuales a algunas corporaciones norteamericanas, sino también miles de empleos en nuestra compañía y a través de toda la industria aerospacial.

Jeff admite: "Yo no dormía tratando de imaginarme cómo nuestra compañía iba a hacer lo que se nos había contratado hacer".

> *Jeff luchaba con lo que les diría a sus superiores, porque sabía que a ellos no les iba a gustar la pura verdad.*

El finalmente concluyó que era imposible mantenerse dentro del presupuesto, que habría gastos adicionales. Jeff luchaba con lo que les diría a sus superiores, porque sabía que a ellos no les iba a gustar la pura verdad. Finalmente, sin embargo, como cristiano y hombre de integridad, Jeff decidió que ésa era la única salida. Pero cuando entregó sus conclusiones, recibió una intensa presión para que alterara las cantidades. Uno de los jefes llamó a Jeff a su oficina y le dijo:

"No me puede decir que puede estar aquí sentado ahora mismo, y saber a ciencia cierta que no podremos hacer lo suficiente en los años restantes de este programa para cumplir con nuestro tiempo de entrega. Seguramente tendrá que admitir que existe una probabilidad de que podamos hacer la entrega a tiempo".

Jeff admitió que él no podía decir a ciencia cierta lo que sucedería en cinco años. "Pero la posibilidad es muy, muy remota", dijo manteniendo su posición. "Y basado en mi evaluación, siento que no hay forma de que podamos cumplir con el contrato".

A pesar de ese tipo de presión que le imponía su propia compañía, Jeff sintió que no tenía otra alternativa que ser igual de honesto con los clientes de su compañía, los cuales no tenían mayor deseos de enfrentarse a la verdad que sus propios jefes.

"Cuando presenté las cantidades del costo anual revisado durante una sesión anual que duró tres días en las oficinas principales de nuestro cliente", él dijo, "uno de sus ejecutivos le dijo a nuestro equipo: "Si ustedes no pueden hacer algo mejor que eso, más vale que entreguen sus distintivos de empleados y se vayan a su casa ahora mismo. Estas cantidades jamás serán aprobadas por la NASA'".

Jeff y el resto de su equipo se retiraron a un salón de conferencias para revisar las cantidades proyectadas. Finalmente, todos acordaron que no había forma de hacer el trabajo contratado por menos dinero. Así que cuando el líder del equipo pidió que usaran el argumento de posponer algún trabajo para una fecha más adelante, el equipo finalmente llegó a un acuerdo, pero sólo después de que Jeff y otros que le apoyaron insistieron en ser completamente honestos con el cliente. Ellos estarían de acuerdo con la cantidad original de fondos presupuestados siempre y cuando se especificase cuidadosamente, con detalles por escrito, qué partes del contrato no podían ser cumplidas o tendrían que ser pospuestas hasta el próximo año fiscal.

Como hombre de integridad, Jeff dice: "Yo tenía una obligación con mi compañía y con nuestro cliente de asegurarme de que ellos entendiesen claramente mi posición, que nosotros no podíamos hacer lo que habíamos prometido en el programa en el tiempo o al costo que habíamos acordado cuando firmamos el contrato original. Yo tenía que hacer lo que pensaba que era lo correcto, y quedaba en manos de mis supervisores, nuestro cliente, y finalmente sus clientes decidir qué hacer con la información que yo les había proporcionado".

Alguien, en alguna parte tomó la decisión de continuar ocultando la verdad sobre los gastos adicionales. Pero todo el asunto estalló al año siguiente, y el Congreso mantuvo audiencias, llamando a declarar a oficiales de la NASA y a personal ejecutivo de numerosos contratistas y subcontratistas.

Como resultado, todo el programa de la estación espacial fue
reducido y reestructurado incluyendo una asociación con los
rusos. En el proceso, varias compañías, incluyendo la de Jeff,
perdieron inmensos contratos. Muchos empleos se perdieron,
incluyendo los de algunos que eran supervisores de Jeff. Pero
él fue transferido a otro equipo de supervisión de costos y
administración de uno de los contratos de su compañía con el
Pentágono.

Jeff nunca lo sabrá con certeza, pero su cuidadosa insisten-
cia documentada sobre informar con honestidad la parte de
su compañía en cuanto al programa de la estación espacial,
puede haber sido una de las razones por la cual él está
próximo a recibir un distintivo de 25 años de servicio, mientras que tantos en su industria están sin trabajo. "Dios ha sido
bueno", dice él, "y ahora duermo mejor que nunca".

Evaluación personal

Si usted, como Jeff Vaughn, estuviera siendo presionado
por sus superiores a decir algo menos que toda la verdad a un
cliente, ¿cómo cree que reaccionaría? ¿Por qué? Además de
su esposa, ¿con qué otra persona compartiría esto? ¿A quién
pediría ayuda?

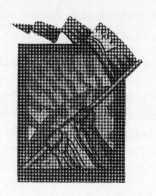

Un cumplidor de promesas se esfuerza por alcanzar integridad en la ética
Parte 2

Lo ha tratado a usted con desconsideración su jefe alguna vez, y luego se ha encontrado deseando tener la oportunidad de vengarse? ¿Cuán lejos está usted dispuesto a llegar para defenderse cuando su reputación y su carrera están en juego? ¿Y qué diremos si se presenta una oportunidad de vengarse? ¿Cómo puede un cumplidor de promesas aplicar principios bíblicos en tales casos?

Harvey Mitchell había pasado más de 10 años en la Fuerza Aérea recibiendo constantes ascensos. Siempre recibía honores por la forma en que llevaba a cabo sus obligaciones y sus superiores y subordinados lo respetaban por su carácter cristiano y su integridad personal y profesional. De repente, una tormenta de controversia surgió como de la nada, tomándole por sorpresa y amenazando destruir todo aquello por lo cual había trabajado.

El sargento Harvey Mitchell trabajaba como supervisor de instrucciones en una escuela de electrónica fundamental, la cual era una de las más de 60 escuelas de instrucción especial de su base. Diez instructores le rendían cuentas directamente a él como segundo en mando al administrador de dicha institución de aprendizaje.

Antes de ser ascendido a ese puesto, él mismo había sido instructor y especialista en tecnología de las armas electrónicas de los aviones F-16. Su experiencia era tan ampliamente reconocida que regularmente servía como enlace entre la Fuerza Aérea, los departamentos de ingeniería y los fabricantes de empresas tales como *Honeywell y la General Dynamics.* Mientras enseñaba en la escuela de los F-16, Harvey recibió numerosas condecoraciones, siendo la más prestigiosa de todas haber sido seleccionado de entre los cientos de instructores en su base como "el instructor del año".

"Realmente me gustaba mi trabajo", declara Harvey. "Me encantaba trabajar con jóvenes, entrar en un salón de clases y llevar a los estudiantes de lo conocido a lo desconocido. Disfrutaba viendo cómo se encendían sus miradas cuando comenzaban a captar alguna nueva teoría y a ver las aplicaciones prácticas de lo que les estaba enseñando. Encontraba una satisfacción especial en ayudar a los estudiantes que luchaban con problemas profesionales y personales".

Harvey amaba tanto su labor de enseñanza que en sus horas libres, servía como entrenador de uno de los equipos de baloncesto de la base y también trabajaba en las oficinas del capellán, enseñando una clase llamada "Vida cristiana práctica". En las propias palabras de Harvey: "A través de los años de crecimiento como cristiano lo que vine a ver como mi misión personal es tratar de aplicar mi fe y la Palabra de Dios en forma práctica en mi experiencia contidiana".

Según el decir general, Harvey hacía un buen trabajo. Todos sus estudiantes y compañeros de trabajo sabían que él era cristiano.

Después de aceptar una posición de tiempo parcial como pastor asistente de una iglesia cercana, Harvey comenzó a darse cuenta de las maneras en que sus deberes como instructor militar, consejero y líder de jóvenes podían ser una extensión de su testimonio personal y su ministerio pastoral.

El sentaba las pautas como instructor y también como supervisor que no solamente sobresalían sino que eran respetadas. "Por ejemplo", dice Harvey, "yo no trataba de llamar la atención sobre el asunto, pero todos los que me conocían ya por algunos años sabían de mi forma de pensar en cuanto a las palabras obscenas. Si yo alcanzaba a escuchar alguna conversación en la cual alguno de mis subalternos estuviera airado y profiriendo insultos a algún estudiante, la conversación era detenida en el acto, y el subalterno invariablemente me pedía disculpas".

Pero de repente, un día los jefes superiores trajeron a un nuevo administrador para hacerse cargo de la escuela de electrónica fundamental. El sargento John Sherman había sido un exitoso administrador en el Comando Estratégico Aéreo. Su tropa tenía buen espíritu de equipo, y la última escuela que había dirigido recibió las calificaciones más altas de su base. La expectativa era que pudiera proporcionar un buen impulso a la escuela de electrónica fundamental.

"El sargento Sherman", recuerda Harvey, "era un militar chapado a la antigua. El entró a nuestra primera reunión con otro instructor supervisor, caminando como el legendario actor John Wayne. De constitución física fuerte, su actitud parecía gritar: "¡Aquí estoy yo!" Cuando él entraba en alguna habitación, no quedaban dudas de quién era el que controlaría la situación.

"El comenzó la reunión aquel día compartiendo su visión con nosotros, de la misma manera en la que un entrenador de fútbol que tiene varios tantos en su contra les hablaría a sus jugadores a mitad del partido. Nos dijo en palabras cargadas de obscenidades los problemas que íbamos a tener que enfrentar primero, los pasos que quería implementar, y cómo nos convenía adoptar su visión si deseábamos llegar con él a la cumbre. Si no lo hacíamos, sería mejor que nos quitáramos de su camino o nos aplastaría, ya que él planeaba hacer en nuestra escuela exactamente lo mismo que había hecho en la última en que había trabajado".

A Harvey no le molestó su actitud agresiva de supermilitar, al cual es mejor seguir o atenerse a las consecuencias. Había una gran cantidad de personas así entre los militares, y muchos de ellos eran muy buenos comandantes. Así que Harvey estaba dispuesto a darle a ese hombre una oportunidad. Pero después de haber trabajado tan arduamente por tantos años para sentar una pauta cristiana entre al personal del colegio, a Harvey le molestaba el frecuente uso de palabras obscenas de ese hombre. Cuando concluyó la primera reunión, Harvey le pidió a su nuevo jefe una entrevista en privado. Le dijo al sargento Sherman, de la forma más amable posible, que aunque tenía la intención de ayudar y hacer todo lo que estuviera a su alcance para que la escuela de electrónica fundamental alcanzara la mejor calificación de la base, no necesitaba ser motivado a hacerlo por medio de palabras obscenas.

Sherman le respondió mucho mejor de lo que Harvey esperada. "No hay problema" dijo. "Usted tiene un excelente expediente, Mitchell. La gente me ha contado muchas cosas buenas de usted. Sé que fue escogido como "instructor del año"; usted es un buen ejemplo para esta base. Estoy seguro de que vamos a poder trabajar bien juntos y trataré de mejorar mi vocabulario".

Tal vez trató de mejorarlo, pero las malas palabras eran parte tan integral de su naturaleza, que el tratar de controlarlas chocaba con su personalidad. En un plazo de varias semanas, a espaldas de Harvey, Sherman acudió a sus superiores, el mayor Zylinski y el coronel Webb para expresarles su frustración.

"Ustedes me trajeron aquí para mejorar esta escuela", les dijo. "Tengo intenciones de hacerlo, pero para lograrlo tengo que ser como soy y hacer las cosas a mi manera. Tengo a este hombre que está haciéndome esta tarea muy difícil..."

Unos días más tarde, el sargento Sherman llamó a Harvey a su oficina y le preguntó: "Harvey, ¿conoce a un grupo que hace evaluaciones llamado StanEval?"

Harvey se encogió de hombros y respondió: "Sé que trabajan para el general, y que son la gente que viene a inspeccionar nuestros programas una vez al año. Usualmente nos hacen trizas".

"Efectivamente, así es", asintió Sherman. "¿Sabía que trabajar con StanEval luce muy bien en un expediente militar?"

"Nunca lo había pensado", respondió Harvey, no sabiendo hacia dónde se dirigía la conversación.

"Pues así es", respondió su jefe. "Acabo de enterarme que ellos necesitan una persona que los ayude por un tiempo. Solamente son seis semanas y les gustaría alguien de nuestra base. Yo sé que usted puede hacer un buen trabajo. ¿Qué opina?"

"Hay muchas cosas que me gustaría hacer aquí", dijo Harvey.

"Desde luego, ¿pero pudiera pensarlo un poco?"

"Muy bien", respondió Harvey.

Al día siguiente encontró una nota en su escritorio ordenándole presentarse a StanEval el próximo lunes. No hubo más conversación en cuanto a su forma de pensar al respecto, lo cual no molestaba demasiado a Harvey, aunque él mismo admitía no estar muy contento con sus órdenes.

Tal como le fuera ordenado se presentó a la semana siguiente a la sede de StanEval, ante un general de dos estrellas. Allí supo que sería parte de un equipo especial de inspectores, cada uno experto en su materia en particular, y que tenían la responsabilidad de mantener informado al general de las condiciones de las bases bajo su mando. Además de realizar inspecciones rutinarias de las más de 60 escuelas en la base, el equipo de StanEval inspeccionaba 10 unidades diseminadas geográficamente por el país y en el exterior.

Era en realidad un alto privilegio ser asignado a un equipo tan respetado (y temido). Porque no importaba a qué tipo de base, unidad, grupo, escuela u oficina fuera un miembro del equipo, cada uno tenía el mismo honor y autoridad del general que representaba.

Debido a sus conocimientos en cuanto a entrenamiento, Harvey Mitchell fue asignado específicamente a evaluar a los instructores y a los supervisores de instructores. A pesar de sus reservas al principio en cuanto a dejar su trabajo permanente por seis semanas, se dio cuenta de que en realidad disfrutaba la tarea de evaluar. Además, nunca antes había trabajado con un grupo de personas más agradable o profesional entre los militares.

Harvey estaba tan ocupado con su nuevo trabajo que casi cuatro semanas transcurrieron antes que pudiera visitar a sus colegas en la escuela de electrónica fundamental.

"Cuando entré y me dirigí a mi oficina, inmediatamente noté que la placa con mi nombre había sido quitada de la puerta", dice Harvey. "Al llegar frente a mi escritorio me di cuenta de que otra persona había estado trabajando allí".

> *"Cuando entré y me dirigí a mi oficina, inmediatamente noté que la placa con mi nombre había sido quitada de la puerta".*

Hallando sus efectos personales metidos dentro de una caja en un rincón de la oficina, Harvey salió en busca del sargento Sherman para pedirle una explicación.

"Bueno", le dijo el sargento, "he estado conversando con el mayor Zylinski y con el coronel Webb. Ellos hablaron de lo bueno que era usted en el programa del F-16, y hemos acordado que sería de verdadera utilidad en el programa del F-15".

"¡Espere un momento!", respondió Harvey. "Yo estoy asignado a la escuela fundamental, y nadie me ha hablado del programa del F-15".

"Bueno, Harvey, nosotros hemos estado conversando y creemos que el programa del F-15 puede beneficiarse con su liderazgo".

Harvey supo reconocer el pretexto. "¿Pero por qué estoy siendo reasignado?", quiso saber. "¡Dígame la verdad! ¿Qué está sucediendo?"

"Muy bien", respondió Sherman, "para ser totalmente honesto con usted, Harvey, lo que me contó acerca de sus creencias choca con mi estilo de trabajo y liderazgo. Simplemente no es mi estilo y me parece que el futuro usted y yo pudiéramos llegar a tener problemas serios".

"¿Pero qué clase de problemas estamos teniendo en estos momentos", quiso saber Harvey.

Su jefe admitió: "En estos momentos no tengo ningún problema con usted, Harvey. Lo respeto. Creo que es muy buena persona y un supervisor de instrucciones excepcional. Todo ha marchado bien hasta ahora, pero debo decirle que percibo que en el futuro pudiera existir la posibilidad de problemas por nuestra manera tan diferente de hacer las cosas".

En más de 10 años de ser militar, Harvey nunca supo de alguna persona que fuera trasferida por causa de un problema que se "percibe" que pudiera ocurrir en el futuro. Sabiendo que este razonamiento no tenía base fue a ver al mayor Zylinski quien había sido su superior la mayor parte del tiempo que Harvey había trabajado en la base. El mayor lo había recomendado para muchas condecoraciones, incluyendo la de "instructor del año".

El mayor confirmó lo que el sargento Sherman le había dicho. "No existe ningún problema en cuanto a su trabajo", le explicó. "Es que el sargento Sherman me ha dicho que no cree que usted y él puedan trabajar juntos por causa de sus estilos tan diferentes. Así que pienso que a todos, incluyéndole a usted, les iría mejor si trabaja en otro lugar".

Harvey pidió hablar entonces con el coronel Webb. "Le conocía casi por el mismo tiempo que conocía al mayor", decía Harvey. "Sabía que era cristiano y habíamos conversado de ello en varias oportunidades. Como sabía que yo era pastor asistente en mi iglesia, en una ocasión hasta me pidió que orara por él en su oficina en cuanto a un problema que estaba enfrentando. Así que pensaba que podía ser franco con él".

Cuando Harvey le dijo que no quería ser transferido, el coronel le preguntó: "Si pudiera escoger cualquier trabajo en el grupo, ¿cuál escogería? ¡Simplemente dígamelo y es suyo!"

"¿Qué tal el del sargento Sherman?", preguntó Harvey."

"¡Imposible!"

"Conozco electrónica fundamental mejor que él. Yo puedo hacer el trabajo".

El coronel movió la cabeza. "No; no creo que eso sea posible", insistió.

Cuando Harvey le dijo claramente que no deseaba ser transferido a ninguna parte, el coronel refirió la decisión nuevamente al mayor Zylinski, y mientras Havey seguía su trabajo con StanEval, sus superiores completaban el papeleo para su traslado.

Harvey les contó a sus nuevos colegas en StanEval lo que sucedía. El personal de StanEval en su totalidad se dio cuenta de lo molesto que estaba, pero ellos estaban impresionados por la forma en que era capaz de separar sus sentimientos del trabajo de evaluación que llevaba a cabo. Ellos trataron de ayudarle sugiriéndole maneras en las que podía evitar el traslado. Con el apoyo de ellos, Harvey presentó una queja oficial diciendo que el sargento Sherman lo había discriminado aduciendo gustos personales y un supuesto sentimiento de que "pudiera ocurrir un problema en el futuro".

El presentar la queja detuvo el proceso de traslado y el coronel Webb llamó a Harvey a su oficina para una entrevista. "Tengo entendido que ha presentado una queja oficial", le dijo secamente.

"Sí, señor, así es", respondió Harvey.

Entonces el coronel le pidió a título personal un favor.

"Harvey, ¿permitiría que realizáramos una investigación interna nosotros mismos?"

Como Harvey confiaba en el coronel, entonces accedió y el coronel asignó a otro oficial a quien Harvey conocía y en quien confiaba para que efectuara la investigación.

Lo que Harvey no sabía era que el sargento Sherman y el mayor Zylinski estaban tan furiosos por la queja que reunieron a todos los instructores para "explicarles" que evidentemente Harvey estaba sufriendo de algún complejo de autoridad; que deseaba estar a cargo de la escuela y quería poner fin a las fiestas en las que bebían cerveza los viernes por la tarde que el sargento Sherman había implantado para levantar el ánimo de la tropa; que Harvey estaba tan fanatizado que no deseaba que ellos se divirtieran, y que pudiera ser la causa de que la escuela no alcanzara la clase de nivel que les traería medallas y reconocimientos.

"Entonces", explicaba Harvey, "cuando el investigador comenzó su trabajo, el enfoque de la investigación fue totalmente tergiversado. En lugar de enfocar mi queja en cuanto a un 'posible problema que pudiera ocurrir en el futuro', todos trataban la queja como si fuera un asunto de discriminación racial, porque yo soy de la raza negra, y el sargento Sherman es blanco. Esa era la dirección que tomó la investigación con preguntas tales como: ¿Cree usted que el sargento Sherman tenga prejuicios raciales? ¿Ha notado alguna vez que el sargento Sherman tuviera alguna actitud racial discriminatoria hacia el sargento Mitchell?"

Algunos de los entrevistadores especulaban que el verdadero problema pudiera ser aquel discutido en las reuniones del personal directivo, que Harvey Mitchel tal vez tenía "sed de poder" y no quería cooperar con el programa de nadie más. El mayor Zylinski negó tener prejuicios y recalcó todas las recomendaciones que había hecho para las condecoraciones y honores recibidos por Harvey bajo su mando.

"No he hecho otra cosa sino ayudar al éxito de la carrera militar del sargento Harvey Mitchell", declaró al investigador. "No entiendo por qué alega favoritismo. Me decepciona que haya elegido este camino".

El inspector completó su investigación y concluyó que no existía evidencia de que hubieran discriminado al sargento Mitchell. El traslado se podía llevar a cabo.

Cuando Harvey recibió una copia del informe final, lo leyó en voz alta a sus compañeros en StanEval. Cuando terminó, uno de ellos comentó:

"Eso no tiene nada que ver con su queja".

Otro dijo: "Esto no es sino un ardid. Han escondido todo bajo la alfombra".

Todos deseaban que Harvey apelara la decisión. "Tiene que llevar su caso ante el inspector general", insistían. "Busque a alguien que no pertenezca a la organización para que mire los hechos.

"Puede ganar esto. Legalmente, no pueden hacer lo que están tratando de hacer".

"Usted tiene la razón en esto, Harvey. Apele, llévelo al próximo nivel y hágalo enseguida porque su trabajo con nosotros concluye en poco más de una semana".

Con ese consejo de un equipo de profesionales cuyo trabajo era conocer al dedillo el procedimiento militar, Harvey regresó a su casa ese día dispuesto a batallar. Sentía que podía ganar ese caso. Su única pregunta era qué tan alto tendría que apelar antes de ser reintegrado a su puesto.

Harvey estaba convencido de que tenía la razón, pero comprendió que un litigio como éste se podría ganar a expensas de un serio costo profesional.

Harvey estaba convencido de que tenía la razón, pero comprendió que un litigio como éste se podría ganar a expensas de un serio costo profesional. Aun cuando alguien tenga razón, si apela contra el sistema militar puede ser catalogado como persona que no trabaja bien en equipo. Así que llamó a sus padres para decirles: "¿Saben? He tenido una extraordinaria carrera militar, pero estoy a punto de hacer algo que pudiera ponerla en peligro". Ellos le aseguraron que lo apoyarían sin importar lo que decidiera hacer.

No obstante su esposa, Carol insistía: "Necesitas orar acerca de esto, mi amor. Sé que estás molesto por la forma en que has sido tratado, pero necesitas estar seguro de lo que Dios quiere que hagas".

Los dos comenzaron a orar y a contar los días hasta que Harvey terminara su asignación con StanEval, y entonces tuviera que decidir si aceptaba o no el traslado. Harvey contó la historia en su iglesia y les pidió que orasen.

"Comencé a orar buscando una confirmación a mi indignación", decía Harvey. "Después de todo, estaba siendo perseguido por mi testimonio cristiano y creencias. Con casi todo el personal y con Dios de mi parte sabía que podía ser vindicado.

Sufría mucho y estaba confundido acerca de por qué algunas de las personas con las que había trabajado podían creer y, hasta decir, las palabras que había leído en aquel primer informe. Pero mayormente estaba molesto y buscaba ser vindicado. Sin embargo, mientras oraba buscando el apoyo de Dios y la confirmación en cuanto a si debía apelar, algo curioso sucedió. Dios empezó a ablandar mi corazón y a reenfocar mi atención hacia las necesidades de mis enemigos en lugar de hacia sus injustas actitudes. ¿Se imagina cuán necesitado espiritualmente debe estar un hombre como el sargento Sherman para hacer lo que me hizo?

"Recuerdo haber pensado: *No deseo imaginármelo. Sufro mucho en estos momentos.* Pero según continuaba orando y buscando en su Palabra, el Señor comenzó a mostrarme versículos tales como 'Yo pelearé tus batallas. Pondré a tus enemigos por estrado de mis pies'. Ese versículo lo leí varias veces; me gustaba la idea de que aquellos hombres se convirtieran en estrado para los pies. Y también leí 'Ninguna arma forjada contra ti prosperará' y 'si Dios es por nosotros, ¿quién contra nosotros?' Y entonces pensé: ¡Vaya! No hay forma de que pueda perder en esto".

Pero el esfuerzo de Harvey de acercarse a Dios y escuchar de El solamente sirvió para ablandar aun más su corazón. "Dios comenzó a dar vuelta el espejo de su Palabra hacia mí.

El me decía: 'Hay mucho orgullo involucrado en todo esto. Tú te dejaste influenciar por todas las cosas que esos hombres dijeron de ti. Te dejaste influenciar por todos los honores recibidos. ¿No te das cuenta de que cuando los hombres te exaltan, también te pueden dejar caer? Pero si me pones a mí en primer lugar y dejas que sea yo quien te exalte, entonces nadie te podrá derribar'".

Harvey todavía no estaba preparado para escuchar nada de eso. "Al igual que Job, yo deseaba argumentar con Dios: 'Yo tengo la razón aquí. Yo no he hecho nada malo. Son los otros los equivocados. ¿Por qué me está sucediendo esto?' Y era como si el Señor estuviera diciendo: 'Muy bien, Harvey, ¿dónde estabas tú cuando yo hacía los cielos y la tierra? ¿Cómo es que tú sabes tanto y por qué te crees tan justo?'"

Harvey tampoco deseaba escuchar eso. Pero lo escuchó y bien claro; y le admitió a Carol: "Mi amor, Dios está hablándome al corazón. Tal vez he permitido que algunas cosas se me hayan ido a la cabeza. Quizás deseo luchar más por orgullo que por otra cosa. Tal vez no deba guiarme por lo que siento, y confiar en que Dios pelee por mí".

"Y mi esposa", decía Harvey "tiene un espíritu muy dulce y simplemente declaró; '¡Gloria a Dios!' Ella ya había llegado a esa conclusión algunos días antes, pero simplemente oró y dejó que Dios me hablara. Y El lo hizo. Dios me quebrantó. Allí en la rueda del alfarero estaban los pedazos, y cuando mi orgullo llegó al punto que le permitió a Dios seguir añadiendo la humedad de la humildad, entonces El pudo comenzar a moldearme de la forma que El deseaba".

Harvey le explicó a su iglesia que había decidido no continuar llevando la apelación oficial más adelante. La congregación aceptó aquello sin preguntas. Pero cuando se lo comentó al equipo de StanEval, ellos no podían creerlo. Le dijeron: "Usted puede ganar esto. Todo está a su favor".

"Tiene que enfrentarlos".

"No puede regresar allá, le van a hacer la vida imposible".

"Tiene que llegar a este nivel por lo menos, y usted ha alcanzado este nivel y lo tiene ganado".

Pero Harvey les dijo que ya había tomado su decisión. El iba a regresar a su unidad y haría todo lo que ellos le dijesen. "Regresar allí fue una de las cosas más difíciles que jamás haya hecho", dice él, "porque cuando regresé a electrónica fundamental a recoger mis efectos personales y saludar a algunos viejos amigos, había allí algunos instructores, antiguos colegas, que prefirieron darme la espalda y salir apresuradamente del lugar antes que tener que saludarme. Eso realmente me entristeció mucho".

Cuando Harvey se presentó a la escuela de los F-15, la persona asignada a orientarlo en sus tareas fue otro antiguo amigo, el sargento Sonny Henderson, quien había oído lo que le había sucedido y le dijo: "Lamento que todo haya salido de esta forma".

"Gracias", le dijo Harvey, "sé que hay trabajo que hacer, así que adelante y explíqueme".

Su entrenamiento con los F-15 comenzó, y durante el transcurso de la mañana Sonny le presentó al resto del personal. Se podía notar por la reacción de ellos, que todos sabían de quién se trataba. "Este es el hombre que perdió en la queja oficial". Había una atmósfera de cautela y de sospecha que Harvey no podía evitar percibir y que no le hacía sentir muy bienvenido entre ellos.

Durante el almuerzo recibió la orden de presentarse a la oficina del mayor Zylinski. El mayor estaba hojeando algunos informes y tenía varias preguntas acerca de algunos informes anuales que Harvey había escrito para cada uno de los hombres que había supervisado antes en esa unidad. Cada uno de los 10 informes le había tomado medio día prepararlo, y él los había hecho en sus horas libres mientras trabajaba en StanEval. El mayor le explicó que los había leído y deseaba saber por qué Harvey no había añadido ninguna nota de recomendación, una nota que frecuentemente se adjuntaba a los informes sobre el trabajo del personal y que le ahorraba tiempo a la alta oficialidad a la hora de escoger personas para condecorar y honrar.

Harvey contestó: "Señor, de acuerdo al reglamento, no se me requiere hacerlos. Los hice como un favor en el pasado, pero tenía 10 de estos informes que preparar al mismo tiempo, y si hubiera escrito las recomendaciones también para cada uno hubieran sido 20 informes, y tengo mi tiempo completamente ocupado aprendiendo este nuevo trabajo que usted me asignó".

"Bueno", dijo el mayor, "usted sabe que es costumbre hacerlos aun cuando no sea requerido en el reglamento".

"Yo comprendo eso", le contestó Harvey, "pero no creo que vaya a poder hacerlos en esta oportunidad".

Los ojos del mayor se entrecerraron y su rostro se enrojeció. "¿Desea hacer las cosas difíciles, Mitchell?", le preguntó en tono acusatorio. "Pues bien, le diré que de aquí en adelante las cosas serán muy distintas por acá en cuanto a usted. Y más le vale que se vaya acostumbrando rápidamente o de lo contrario la va a pasar muy mal en esta unidad".

Harvey se sentía tan alentado que oró mientras bajaba las escaleras de la oficina del mayor hasta el gigantesco hangar. "Señor, ayúdame. Tengo un gran problema".

Mientras caminaba, parecía que toda su carrera militar desfilaba ante sus ojos. El explica: "Pasé delante de un avión F-16, una maravilla de la electrónica, y a la misma vez tan maniobrable como un gato en el aire. "Pasé años aprendiéndolo todo acerca de esa máquina. Pasé delante de un F-4, al que cariñosamente apodamos "El puerco" en el Vietnam. No puedo contar las magulladuras de mi cuerpo que recibí trabajando en ellos por causa de ser bajos y porque yo mido un metro y ochenta y ocho centímetros de estatura. Caminé delante de un F-111, "La muerte silenciosa" se le llamaba en el Vietnam, un avión tan avanzado que con simplemente tocar un botón volaba a ras del terreno, amoldándose a la topografía sin que el piloto tuviera que tocar los controles para nada. Pensé en cómo había comenzado mi carrera y lo orgulloso que me había sentido de regresar para enseñar tecnología a los hombres y mujeres a quienes enseñé años atrás. Todo esto parecía ahora que habría de concluir allí y en ese mismo momento. Si mis superiores deseaban terminar con mi carrera, no había nada que pudiera hacer para evitarlo".

Todas estas cosas cruzaban por la mente de Harvey según pasaba del hangar a la oficina de los F-15 donde se encontró con un sonriente Sonny Henderson. "¿Recuerda todo aquello que le enseñé esta mañana?", le preguntó. "Pues ya puede olvidarlo".

"¿Qué?", preguntó Harvey.

"Ya no trabaja aquí".

Harvey meneó la cabeza de un lado a otro. "Acabo de regresar de la oficina del mayor. Créame, trabajo aquí".

"Acabo de recibir una llamada telefónica. Ya no trabaja en los F-15 o en electrónica fundamental. De hecho, ya ni siquiera trabaja en nuestra unidad".

"¿Qué es lo que me quiere decir, Sonny? ¿Dónde voy a trabajar entonces?"

Sonny sonrió aun más. "Ya ni siquiera trabaja en este escuadrón".

"¡Vaya! ¡Seguro que bromea! Dígame qué es lo que está sucediendo". "Ahora trabaja para el general. La gente de StanEval llamó para decir que ha sido seleccionado para llenar una posición permanente en su personal. Tiene que comenzar el papeleo para trasladarse a su jefatura inmediatamente".

Harvey encontró el cambio difícil de creer. Llamó a sus amigos en StanEval y ellos lo confirmaron todo. El comandante del equipo, el mayor Benjamín, había quedado tan impresionado con el trabajo de Harvey y con su habilidad para lidiar con crisis personales que deseaba que Harvey fuera parte de su equipo en forma permanente. El le transfirió los papeles al vicecomandante de la base, el segundo en mando al general. El coronel Shaw envió una nota diciendo: "No necesito entrevistar a Harvey. Trabajo con él mensualmente en el consejo de los fondos de la capilla. El será de gran utilidad para nuestro equipo. Acéptenlo ahora mismo".

Así de rápido, en su primer día de regreso a una situación incómoda Harvey fue sacado fuera del alcance de aquellos que se le oponían, y reasignado a la unidad más prestigiosa de toda la base. Harvey daba gracias a Dios por escuchar sus oraciones y librarlo.

Transcurrieron los meses y cada mañana, Harvey seguía dando gracias a Dios por la forma en que peleó la batalla por él. Entonces, un día su corazón dio un vuelco al ver el itinerario. "¿Vamos al escuadrón 50?", preguntó. (Aquella era su antigua unidad.)

Sus amigos en StanEval le dijeron: "¡Desde luego que sí!, y si esa gente tiene trapos sucios que esconder que los escondan bien, porque los vamos a encontrar".

Harvey no podía dejar de pensar: *Esto es asombroso, Señor. Te entrego este problema, dejo que tú pelees mis batallas, y tú me rescatas de la situación en que estaba. Y ahora, seis meses más tarde, me pones una libreta y un lápiz en las manos y me envías de regreso con la autoridad de un general de dos estrellas a juzgar a la unidad que me trató tan mal. Vas a tener que ayudarme a ser justo aquí.*

(El resto de esta historia se encuentra en el Apéndice, pero recomendamos que la lea solamente después de haber trabajado en la discusión de grupo y haber completado la sección titulada "Mi respuesta".)

Evaluación personal

Como usted puede apreciar, la fe en Dios fue importante para Jeff Vaughn y Harvey Mitchell según ellos tomaban decisiones de ética.

¿Cómo describiría usted su relación personal con Jesucristo? Circule la letra que mejor describa cómo se siente usted.

A. Estoy en esto por lo que pueda conseguir.

B. En ocasiones me enojo con el Señor porque no me resuelve todos mis problemas.

C. Me siento motivado a dar porque he recibido mucho.

D. Tiendo a ser indiferente.

Piense en una ocasión en la que usted (o alguien que usted conozca) fue acusado de hacer algo que no hizo. ¿Qué sucedió: ¿Cómo se sintió? ¿Cómo respondió usted? ¿Qué hubiera hecho en forma diferente?

En el grupo

1. Mencione un dilema ético al que se haya tenido que enfrentar recientemente. ¿Qué hizo? ¿Qué aprendió de esa experiencia? ¿Está usted de acuerdo con la forma en que Jeff Vaughn lidió con su situación? ¿Por qué sí o por qué no?

2. Lean Hebreos 11 como grupo. ¿Qué dice este capítulo acerca de la perspectiva que necesitamos mantener presente cuando escogemos entre el pragmatismo y un nivel más alto?

3. ¿Hubiera usted confrontado al sargento Sherman después de su primer discurso lleno de palabras obscenas como hizo Harvey Mitchell? ¿Por qué sí o por qué no? ¿Qué hubiera hecho usted en forma diferente?

4. Dejar que Dios pelee nuestras batallas ¿significa que nos echemos para atrás y seamos pasivos? ¿Cuándo es que no luchar se convierte en una forma de evadir la situación? ¿Por qué sí o por qué no?

5. ¿Garantizan el éxito el trabajo arduo y la integridad? ¿Por qué sí o por qué no?

6. Dado que el coronel Webb era cristiano, ¿qué asumió Harvey en cuanto a él? ¿Estuvo en lo cierto? ¿Qué lección podemos aprender de la parte del coronel en nuestra historia?

Mi respuesta

Imagine que usted mismo es Harvey al final de la historia. Está a punto de ir a evaluar a la gente que le maltrató. Ahora complete esta oración: Si yo fuera Harvey, manejaría la situación de esta manera _____

_____

_____

Versículo para memorizar

"Jehová es mi luz y mi salvación; ¿de quién temeré? Jehová es la fortaleza de mi vida; ¿de quién he de atemorizarme?" (Salmo 27:1).

Capítulo 2

Introducción

¿Cómo es su relación con su padre? ¿Qué diremos de su relación con su hijo (si tiene un hijo)? Como muestra la próxima historia es muy posible que un padre y su hijo pasen años sin que exista una comprensión real entre ellos o se comuniquen bien. Pero como también demuestra la historia, nunca es demasiado tarde para actuar y moldear un futuro mejor.

Arnie Ruddinger tiene mucho de qué arrepentirse en cuanto al tipo de padre que ha sido. Tal vez usted también tiene de qué arrepentirse, o quizás quien se siente así es su padre. Todos nosotros hemos cometido errores; nadie es perfecto. Aquí es donde la gracia de Dios interviene, como también lo hace nuestro deseo de hacer del futuro algo mejor sin tener en cuenta lo que ha sido el pasado.

Un cumplidor de promesas cree que nunca es demasiado tarde para volver a comenzar

Arnie Ruddinger ha dedicado toda una vida a servir al Señor, primero trabajando en misiones en el extran ero, y luego en un ministerio relacionado a la iglesia entre estudiantes universitarios. Arnie es una persona agradable y de mente abierta. Es muy organizado, y hace amigos fácilmente, lo cual ha beneficiado a un sinnúmero de jóvenes a través de los años.

Así que fue con un sentido de ironía, arrepentimiento y culpa que leyó una reciente carta de su hijo de 40 años de edad, Jeremy, quien le escribió: "Papá, yo he deseado durante la mayor parte de mi vida tener una relación estrecha contigo, pero hasta ahora no ha sido posible. Es importante que te lo diga porque es una necesidad profunda que tengo, y me gustaría que lográsemos esa relación".

41

Las lágrimas de Arnie nublaron las palabras en la página mientras admitía : *En realidad, he fracasado como padre.*

A pesar de lo doloroso que era leer las palabras de su hijo, el hecho de que a Jeremy le importara lo suficiente como para expresar su deseo de una mejor relación, hizo surgir un rayo de esperanza en Arnie. El también sentía ese deseo, si ambos lo deseaban, pensó Arnie, *quizás no es demasiado tarde.* Pero cuando se preguntó a sí mismo: *¿Qué voy a hacer al respecto? ¿Cómo llegaremos de aquí hasta allí?*, no encontró ninguna respuesta.

Esta no era la primera vez que Arnie Ruddinger sentía haber fracasado como padre. El recuerda: "Nuestros tres hijos, al igual que nuestra hija, siempre parecían encontrar más fácil hablar con su mamá que conmigo. Frances parecía tener un don, que yo nunca he tenido, para comunicarse con ellos".

Durante años, Frances Ruddinger trató de ayudar a mejorar la relación de su esposo con sus hijos. "Sabes, querido", decía ella, "los niños realmente necesitan tu opinión". O "me gustaría que les prestaras más atención a los niños".

La carta de Jeremy le trajo el recuerdo de una ocasión en particular cuando Arnie había estado hojeando el periódico mientras Jeremy estaba tratando de hablarle. Sin bajar las páginas para mirar a su hijo, él se conformaba respondiendo distraídamente con unas cuantas interjecciones mientras continuaba leyendo. Aunque ésa no fue ni la primera ni la última vez que eso sucedió, ese incidente en particular se grabó en su mente por la forma en que Frances le había llamado la atención más tarde.

"¿No te das cuenta de lo que está sucediendo, Arnie?, le preguntó ella. ¿No podías notar que Jeremy tenía algo importante que deseaba compartir contigo, y que necesitaba tu opinión?"

Arnie cuenta: "Recuerdo responderle a ella: 'No, no lo noté. Creo que no me di cuenta de lo que estaba sucediendo. Como en muchas otras ocasiones cuando Frances me regañaba sobre algo en cuanto a mi relación con mis hijos, me ponía un poco a la defensiva. Sin embargo, en lo profundo, una parte de mí sabía que ella tenía más sensibilidad en cuanto a las necesidades de nuestros hijos. En ocasiones mientras Frances decía algo referente a la necesidad de demostrar a los niños más atención, afecto o afirmación, yo admitía en silencio (y de vez en cuando se lo decía a ella): *Sé que necesito mejorar en esta área.* Pero no parecía poder cambiar".

En ocasiones cuando ellos hablaban francamente sobre esto, Frances y Arnie podían ver un fuerte patrón familiar. Al padre de Arnie también se le había hecho difícil comunicarse con sus hijos sobre asuntos que tenían que ver con las emociones, y Arnie siempre se había sentido más cerca de su madre.

"Después que Frances y yo terminábamos una de esas intensas conversaciones sobre mis deberes de padre", dice Arnie, "yo usualmente me sentía culpable y oraba mucho. 'Me siento como un fracasado, Señor, tienes que ayudarme'.

"Mirando al pasado, y sabiendo lo que sé ahora, no puedo dejar de pensar: *Si tan sólo hubiera habido un hombre cristiano con el cual me hubiera podido sentar y conversar sobre mis frustraciones; un hombre que hubiera podido ser un modelo para mí. Sé que eso podría haber hecho una tremenda diferencia.* Pero cuando me sentía culpable e inadecuado, todo lo que sabía hacer era dirigirme a mi estudio y estar con el Señor. Yo no tenía ningún otro recurso, las oraciones no parecían ser suficiente".

No es que la familia Ruddinger no tenga buenos recuerdos familiares. Arnie recuerda con alegría viajes con la familia y otras experiencias especiales, como las vacaciones de verano en el Lago Tahoe, cuando la familia completa escaló las montañas. "Hubo muchos buenos ratos como aquellos cuando todos disfrutamos no tan sólo las actividades, sino también la relación que tuvimos mientras hicimos esas cosas juntos", explica Arnie. "Sin embargo, tal parece que en el diario vivir siempre faltaba algo. Yo no podía comunicar el hecho de que yo estaba disponible para mis hijos; de que estaba sinceramente interesado y que deseaba involucrarme en sus vidas".

Frances no es remisa en reconocer las muchas cualidades positivas de Arnie. Por ejemplo, ella dice: "El tiene un buen sentido del humor y se ríe mucho, cosa que atrae a muchas personas. El es un hombre bueno y muy amable". Y añade: "Pero tiene falta de comprensión sobre las necesidades emocionales de su familia, y creo que Jeremy y yo sentimos eso más que los otros tres hijos".

Ella continúa contando que por muchos años tuvo que lidiar con su propio enojo en cuanto a la falta de demostración de atención de Arnie hacia ella y su matrimonio. Cuando ella sugirió que fueran a un consejero matrimonial, Arnie se quedó "completamente sorprendido". El estaba tan ajeno a las necesidades y deseos de su esposa como a los de sus hijos.

Arnie estaba tan ajeno a las necesidades y deseos de su esposa como a las de sus hijos.

Frances dijo que un día, mientras se sentía particularmente frustrada y sentía lástima de sí misma, fue como si Dios le hablase claramente. "Estás haciendo un ídolo de tu matrimonio, Frances", le dijo el Señor. "Tú deseas un matrimonio perfecto, y deseas que tu esposo te ame de forma perfecta. Pero Arnie no lo puede hacer. Yo soy el único que puede suplir esa necesidad en tu vida".

Al escuchar eso, Frances se arrodilló junto a la cama. Con lágrimas corriéndole por las mejillas, ella le prometió a Dios que desde ese día en adelante, buscaría suplir sus necesidades de un amor perfecto, que le proveyera aceptación y seguridad de El solamente. "Dios me sanó en ese mismo momento", dice Frances. "Me convertí en una persona diferente. Nunca volví a sentir ese enojo". Y mientras se concentraba menos en sus propias necesidades no suplidas, ella sintió que podía responder mejor a las necesidades de Arnie. Como resultado, nuestro matrimonio ha mejorado constantemente desde ese aspecto", observa Frances.

Sin embargo, no hubo una mejoría paralela en la relación entre Arnie y los hijos. Especialmente Jeremy recuerda los años mientras crecía, y recuerda los viajes de negocio frecuentes de su padre, que lo ausentaban de la casa. "No era tanto el hecho de que estuviese ausente físicamente lo que me molestaba", cuenta Jeremy. "Es que él estaba aun más ausente emocionalmente. Cuando él *estaba* en casa, pocas veces parecía que nos comunicábamos a un nivel significativo".

Con el tiempo, Frances llegó a entender mejor la distancia emocional de su esposo con su familia. No era tan sólo que muchos de los rasgos de personalidad y comportamiento eran iguales a los del padre de él, sino que también hubo un período durante la niñez de Arnie cuando él estuvo separado de sus padres. "Aparentemente Arnie enterró el dolor en su corazón y se las arregló para siempre ser un niño bueno que negaba sus dolorosas emociones", nos cuenta Frances. "Pero como resultado, él se convirtió en una persona fría, orientada a ser menos emotiva".

"Yo no recuerdo ni siquiera haberme enojado por esa falta de cercanía", nos cuenta Jeremy. "Simplemente llegué a aceptarlo como la forma en que las cosas serían entre nosotros. Pero la aceptación no impidió que experimentara sentimientos de pérdida, tristeza y dolor".

Padre, madre e hijo están de acuerdo que, por cualquiera que fuese la razón, Jeremy fue el hijo con el cual Ernie tuvo más dificultades para relacionarse. Frances dice que ella ve muchas similitudes (en términos de personalidad, motivaciones e intereses) entre Ernie y Jeremy. Ese pudiera haber sido un factor que complicó su relación.

Arnie reconoce: "Jeremy siempre ha parecido ser un poco diferente de los otros varones, como si él hubiera salido de un molde distinto. El escogió su propio camino, y yo pienso que él pudo sentir que me ha sido difícil, aceptar, aprobar o aun entender algunas de sus decisiones".

Jeremy añade: "Me imagino que él me ve como el hijo del que se siente más distante, porque posiblemente he sido el hijo menos tradicional de todos. Aun mi hermano mayor, que comenzó como el hijo pródigo, terminó en una posición más tradicional porque es un exitoso médico. Se puede decir que para mí, el recorrido por la vida ha sido a lo largo de un camino sinuoso".

El conflicto de las decisiones de carrera de Jeremy, surgió durante sus años en la universidad, mientras luchaba sobre en qué especializarse y buscaba la dirección de Dios para escoger el trabajo a que se dedicaría en la vida. El y su padre se escribieron muchas cartas durante esos años. Jeremy le escribía de sus indecisiones, y Arnie le respondía con una larga lista de sugerencias. Según Jeremy recuerda: "Uno de los dones principales de mi padre ha sido la organización y el saber planear. Así que él me enviaba todas esas sugerencias lógicas cuidadosamente planeadas sobre los pasos que podía dar para hacer esto o aquello. Pero esas cartas eran siempre un recordatorio doloroso de que él no me conocía lo suficiente como para darse cuenta de que pocas de esas sugerencias se ajustaban a mí como persona. Como no me ayudaban, yo no las seguía, y eso aumentaba la incomodidad entre nosotros".

Cuando Jeremy se graduó de la universidad, la continua preocupación de Arnie, de que él encontrase y siguiera alguna dirección clara, intensificó la falta de aceptación y aprobación que sentía Jeremy. Entonces Jeremy se hizo amigo, y por un tiempo estuvo bajo la tutela de un cristiano mayor llamado John. Este hombre animó a Jeremy para que encontrara su identidad en su relación con Dios antes de preocuparse sobre qué carrera iba a seguir. Nadie nunca había afectado el pensamiento de Jeremy como John. Y hablando con Arnie sobre esta relación de consejero y amigo, Jeremy cuenta: "Posiblemente herí a mi padre al indicarle, si no en palabras, ciertamente con mi actitud, el hecho de que 'He aquí alguien que me conoce mejor que tú. Su aprobación y aceptación me han ayudado más de lo que tú lo has hecho'".

Arnie también tenía algunas dudas sobre la novia de Jeremy, Marsha, al principio de su relación. (Con el tiempo ella se convirtió en su esposa). "Yo no estaba convencido de que ella era la mujer adecuada para Jeremy", Arnie dice. El añade que ha cambiado su manera de pensar sobre esto ahora, y que le da frecuentemente las gracias a Dios por la presencia de Marsha en la vida de Jeremy. Pero su hijo y nuera no han sentido siempre esa aceptación.

Arnie también tuvo problemas con la decisión de Jeremy y Marsha de vivir un estilo de vida simple, que Arnie dice que va contra la cultura. Ellos han tenido siete hijos y todos, menos uno, han nacido en la casa con la ayuda de parteras. Ellos les dan instrucción escolar en la casa, cosechan la mayor parte de sus alimentos en el terreno de alrededor de su pequeña casa de campo, y son estrictos preservadores de los recursos naturales.

Pero el factor principal que hace de Jeremy diferente a los ojos de Arnie es que su hijo se ha conformado con trabajar por largo tiempo en trabajos de obrero que pagan poco. Durante los últimos años, Jeremy ha trabajado para un hombre en un negocio de pintar casas. Aunque Arnie siempre trata de expresar su inquietud en términos económicos, preocupándose cómo su hijo proveerá para las necesidades de su familia, Jeremy no pudo evitar percibir ese sentimiento tan familiar de que su padre aún no lo aceptaba por quien era.

Jeremy no pudo evitar percibir ese sentimiento tan familiar de que su padre aún no lo aceptaba por quien era.

Con el tiempo, la esposa de Jeremy lo ayudó a reconocer cómo su relación con su padre estaba afectando su propia relación como esposo y padre. "Yo nunca recuerdo haber extrañado conscientemente, mientras crecía, las expresiones de afecto de mi padre", nos dice Jeremy. "Pero estoy agradecido de tener una esposa como Marsha que me anima a expresar mi amor hacia ella y hacia nuestros hijos con demostraciones físicas de afecto. Y eso es algo que yo disfruto mucho. Pero tengo que hacer un esfuerzo deliberado. No es que me resulta algo natural".

Jeremy dice que Marsha le ha ayudado en otras cosas también: "Ella me recuerda que debo mirar a mi padre a los ojos cuando hablamos, porque notó que yo no hago un contacto visual con él. Hemos tratado de analizar esto, y mi conclusión es que es un mecanismo de defensa que yo desarrollé a través de los años. Algo así como *Si él no me da suficiente atención, yo no le voy a dar toda mi atención.* Cuando descubrí lo que estaba sucediendo, me entristeció y sentí el deseo de tratar de mejorar nuestra relación.

Todo esto es un trasfondo para que entiendan el impacto de aquella carta que Jeremy le escribió a su padre durante el invierno de 1993, cuando él expresó su deseo de una relación más estrecha y de más significado. También ayuda a explicar por qué, aunque la carta de su hijo conmovió a Arnie, le hizo llorar e inclusive despertó en él el deseo de un mismo tipo de relación, él aún no supo qué hacer sobre el asunto.

Durante ese mismo tiempo, Arnie oyó por primera vez sobre los Cumplidores de Promesas. Sintió interés y después de escuchar un par de programas radiales de Enfoque a la Familia comentando el ministerio, se inscribió para asistir a la conferencia de 1993 en Boulder Colorado. Ese fin de semana, de acuerdo a Arnie, fue una experiencia crucial. "Yo no recuerdo ningún orador en particular", cuenta él. "Fue el impacto en general lo que me ministró a mí. Allí estaban todos esos hombres cristianos juntos, los cuales a pesar de sus fracasos pasados, y por causa de ellos, estaban determinados a convertirse en mejores cumplidores de promesas.

"Dios me habló muy claramente. El expandió mi comprensión sobre el papel de padre, de esposo y de hombre de Dios. El me convenció de la necesidad de arreglar mi vida familiar, particularmente mi relación con Jeremy. Yo vi que El deseaba que yo le dedicase esa esfera de mi vida a El, y permitiese que El trabajase en mí".

Una de las primeras cosas que Arnie hizo cuando regresó a su casa fue escribirles a sus hijos una larga carta describiendo lo que le había sucedido en la conferencia. El les contó cómo Dios le había estado hablando sobre mejorar su relación con ellos, y les pidió a los tres hijos que se reunieran con él en la conferencia de los Cumplidores de Promesas en Indianápolis el próximo año.

Ellos acordaron ir y los cuatro varones de la familia Ruddinger viajaron juntos a Indiana en junio de 1994. Para Arnie fue una experiencia de gran significado. El viaje de regreso a su casa, durante el cual cada uno compartió cómo Dios le había hablado a su vida, fue especialmente digno de recordar. "Quizás ése fue el momento más importante para nosotros, reunidos como hombres de la familia", él nos cuenta. "Siento que ahora somos más abiertos en nuestra relación".

Jeremy admite que para él, sin embargo, el fin de semana le desilusionó un poco. Después de todo lo que su padre había hablado sobre la conferencia del año anterior, él esperaba una experiencia de mayor alcance, quizás una transformación repentina y radical en su relación. En su lugar, él está aprendiendo que usualmente toma tiempo cambiar los patrones que afectan la vida.

Sin embargo la familia Ruddinger reconoce que ya hay cambios. Arnie dice: "Yo siento una nueva libertad para hablar con franqueza entre nosotros. Pienso que aún tenemos un largo tramo que recorrer al menos conmigo lo sé, pero yo deseo edificar sobre esto y verlo continuar". El cita la reunión familiar más reciente, el día de Acción de Gracias, cuando todos sus hijos y sus esposas describieron cómo el Señor había obrado en sus vidas durante el año anterior. "Se derramaron lágrimas ese día", cuenta Arnie, "y más tarde, cuando todos nuestros hijos habían regresado a sus casas, Frances y yo alabamos a Dios con gran emoción por el nuevo espíritu de honestidad y franqueza que habíamos sentido".

De acuerdo a Arnie, el Señor también está ayudándole a cambiar algunas de sus actitudes hacia Jeremy. "He alcanzado un punto de aprecio genuino por Jeremy que nunca había sentido antes", nos cuenta. Inclusive tengo paz en cuanto a su carrera. Yo desearía que él estuviese en una situación financiera más estable, pero reconozco tales cualidades piadosas desarrollándose en él, en su esposa y en sus hijos que tengo que retroceder y decir: 'Gracias, Señor, por lo que estás haciendo en la vida de Jeremy. Tú estás formando a un hombre que te busca'.

"El y Marsha son padres maravillosos, y todos sus hijos se están criando bien. Al ver esto, he llegado no sólo a apreciar a Jeremy, sino también respetarlo sinceramente por la persona que es. Me ha tomado mucho tiempo llegar a este punto. Y ha sido una combinación de la gracia de Dios, los años de consejo de mi amada esposa, y las revelaciones obtenidas a través de los Cumplidores de Promesas, lo que me ha traído a este punto".

Arnie está aún en el proceso de comunicar de forma convincente este cambio de actitud a su hijo. Jeremy concuerda que la relación con su padre tiene aún mucho que mejorar. Pero añade rápidamente que siente un nuevo respeto y aprecio por su padre. "El hecho de que ahora ambos hemos manifestado la necesidad de mejorar nuestra relación es un paso importante", nos dice Jeremy. "Aunque yo pienso que él aún lucha por saber cómo hacerlo, admiro su disposición de admitir su necesidad de cambiar y sus deficiencias en relacionarse conmigo. Me doy cuenta de que muchos padres no hubieran podido hacer eso. Lo que sucede es que el progreso no ha surgido tan rápida o fácilmente como yo hubiera deseado".

Sin embargo, tanto Arnie como Jeremy comparten la esperanza que tiene Frances Ruddinger sobre la relación de ellos. "Estoy profundamente agradecida a Dios", nos dice ella, citando Joel 2:25: "Y os [Dios] restituiré los años que comió la oruga...".

Evaluación personal

En una escala del 1 (nada bueno) al 10 (excelente), ¿cómo calificaría usted su relación con su padre? (Si él ha fallecido, ¿cómo hubiera usted catalogado su relación en el momento de su muerte?) ¿Por qué?

Si usted es padre, usando la misma escala de puntuación, ¿cómo calificaría la relación más difícil que tiene con uno de sus hijos? ¿Por qué? ¿Qué podría hacer (indique una cosa específica) para acercarla más al 10?

En el grupo

1. ¿Cómo llenó usted el blanco al final de la última sesión sobre el evaluar su propia unidad en el lugar de Harvey Mitchell? ¿Por qué escogió esa respuesta?

2. ¿Se relacionó usted más con Arnie o con Jeremy en esta historia? ¿Por qué?

3. ¿Cuáles son algunas de las señales de esperanza que indican que la relación entre Arnie y Jeremy se está fortaleciendo?

4. ¿Cuáles de sus rasgos o sueños, su padre tuvo dificultades para comprender? ¿Por qué? ¿Con cuáles de los rasgos o sueños de sus hijos tiene usted dificultades? ¿Por qué?

5. No hay duda alguna de que Arnie trató de ser el mejor padre posible. ¿Cómo cree usted que él había sido criado por su padre? ¿Cómo ha cambiado en los últimos 40 años lo que los padres esperan de sus hijos?

6. Arnie indicó que si hubiera habido un hombre cristiano con quien hablar sobre sus expectativas y frustraciones como padre, le hubiera sido de ayuda. Esto está de acuerdo con Proverbios 27:17 que dice: "Hierro con hierro se aguza; y así el hombre aguza el rostro de su amigo". ¿Quién es ese amigo con el cual puede hablar?

Si no tiene esa persona que pueda ayudarle, ¿a quién puede recurrir?

7. Si el padre de un hombre o de un niño está aún vivo y su relación no es lo que uno o ambos desearían que fuese, ¿qué primer paso(s) pudieran ellos dar para mejorar la relación?

Mi respuesta

Al igual que Jeremy, usted quizás desea escribirle una carta, a su padre expresando sus sentimientos (o a su hijo, si ésa es su necesidad). ¿Qué necesita usted decir en esa carta? (Le ayudaría escribir esa carta inclusive si su padre ha fallecido. Y si la relación entre ambos es buena, usted puede escribir palabras de alabanza y agradecimiento).

_____

_____

Dedique tiempo en las próximas dos semanas para escribir y enviar (si es posible) esa carta.

Versículo para memorizar

"El hará volver el corazón de los padres hacia los hijos, y el corazón de los hijos hacia los padres..." (Malaquías 4:6).

Capítulo 3

Introducción

¿Qué haría usted si una meta con la que ha soñado por mucho tiempo de repente parece estar en conflicto con su compromiso de ser un cumplidor de promesas para con su familia? Esta fue la situación en la que se vio Sam Wainwright, y la que le llevó a enfrentar algunas dolorosas alternativas.

Seguir adelante con su sueño significaría mucho tiempo de sacrificios para Sam y su esposa. A medida que lee esta historia, piense en las decisiones que él tuvo que tomar, las opciones que pudieron haber estado disponibles para él, y el método que empleó para discernir la voluntad de Dios.

Un cumplidor de promesas busca saber cuál es la voluntad de Dios

Al igual que otros jóvenes que terminan sus estudios secundarios y llegan a la mayoría de edad sin un objetivo claro en sus vidas, Sam Wainwright se alistó para hacer el servicio militar. El ejército lo entrenó en el campo de las comunicaciones electrónicas, y también le presentó a él, un joven del noreste de la nación, lo que era la vida en el sur del país. Estando allí, conoció y se casó con una joven que tenía una hija pequeña.

"No fui criado en un hogar cristiano, pero mis padres tenían un matrimonio estable y firme", dice Sam, "así que aunque tenía una idea vaga acerca de lo que era el matrimonio o de lo que debía ser, me casé pensando que sería 'para toda la vida'". Su esposa parece que no compartía esas mismas ideas. Sam no fue su primera elección como hombre para su vida, y claramente no sería el último tampoco. Cuando las cosas marchaban bien en su relación matrimonial, ella parecía feliz, pero cuando las cosas no marchaban bien, ella pensaba: *Hay otros hombres en el mundo.* Y por cierto que así era.

"Pero la verdad es", admite Sam, "que ninguno de los dos sabía lo que se necesitaba para que un matrimonio tuviera éxito".

Mientras tanto, Sam aprendía valiosas lecciones en el ejército. El disfrutaba de sus experiencias en la electrónica, pero este tiempo le enseñó, como dice él "que en realidad yo prefería trabajar con personas y no con cosas. Ayudar a las personas me daba más satisfacción que arreglar y dar mantenimiento a las máquinas". Así que cuando concluyó el servicio militar, visitó un hospital local y decidió que sería técnico médico. Trabajó por un tiempo en el laboratorio del hospital y entonces trabajó también como terapeuta respiratorio.

"Encontré un nivel de satisfacción que nunca había conocido", recuerda Sam. "Había ocasiones en las que trabajaba turnos de 16 horas seguidas sin sentirme cansado en lo más mínimo. Rápidamente decidí: *Quiero trabajar en el campo de la medicina. ¡Esto es maravilloso!* ¿Y quiénes están en el nivel más alto de la medicina? Los médicos, desde luego. Así que tomé la decisión de llegar a ser médico".

Esa no fue una decisión a la ligera de parte de Sam. Inmediatamente comenzó a estudiar tiempo completo para obtener un título universitario a la vez que continuaba trabajando como terapeuta respiratorio. Pero su matrimonio terminó antes que él completara los estudios básicos, y cuando se graduó de bachiller no se sentía emocionalmente preparado para enfrentarse a los estudios en la facultad de medicina.

Aunque dicidió aplazar sus planes por un par de años, Sam nunca perdió de vista su sueño. El continuó tomando cursos universitarios adicionales para ampliar sus conocimientos y tener mejor oportunidad de ser admitido en la facultad de medicina cuando presentara su aplicación. Inclusive le pidió a una mujer que era miembro del comité de admisiones de la universidad a la que planeaba asistir, que le recomendara algunos pasos que sirvieran para mejorar su expediente académico. Sam siguió las recomendaciones de esta mujer al pie de la letra, en ocasiones asistiendo a clase a tiempo completo para estudiar las materias que ella le recomendaba.

Durante este tiempo, Sam aceptó la invitación de una iglesia a unirse a un equipo misionero para un viaje de una semana al Perú. En dicho equipo viajaban un amigo médico, el doctor Fred Stevens y el pastor de la iglesia. "Me sentía orgulloso al pensar que Dios podría usar mis servicios profesionales de esa manera", dice Sam. "Pero no me tomó mucho tiempo darme cuenta de que Dios me quería en ese viaje misionero no para utilizar mis conocimientos médicos sino para mostrarme la profundidad de mis necesidades espirituales".

Desde el comienzo del viaje, el doctor Stevens y el pastor de la iglesia hablaban del Señor en una forma tan personal que hacía sentir incómodo a Sam. Cuando los cristianos peruanos, que eran muy decididos en cuanto a hablar de su fe, aun frente a circunstancias adversas, le preguntaban acerca de su compromiso cristiano, Sam se daba cuenta de que no sabía qué responderles. El ejemplo cristiano de ellos le produjo más convicción que inspiración. Mientras asistía a un servicio bautismal allí en el Perú junto a otros miembros del equipo, Sam entendió que nunca había confiado en Jesucristo como su Salvador personal. El tomó esa decisión allí mismo, y fue bautizado durante ese mismo servicio.

Otra experiencia memorable para Sam ocurrió durante ese mismo viaje. El explica: "Como terapeuta respiratorio había comprado el mejor estetoscopio posible con planes de aprender a utilizarlo mejor después que me graduara de la facultad de medicina. Era una especie de recordatorio concreto y diario de mis sueños. Inclusive lo mandé para que le grabaran mi nombre.

"Lo había llevado al Perú y lo tenía conmigo el día que el doctor Fred Stevens y yo atendíamos a un paciente en compañía de una joven doctora peruana. Aquella doctora tenía un estetoscopio de los más baratos que se fabrican, algo como lo que un estudiante podría comprar en los Estados Unidos por cinco o diez dólares. Mirando como ella escuchaba atentamente el pecho de su paciente con aquel estetoscopio de baja calidad, Fred alargó su mano, tomó el mío y le dijo a través del intérprete: 'Tome, utilice éste'.

"Cuando la doctora levantó su vista sorprendida Fred le sonrió y le dijo: 'Yo tengo muchos más. Le regalo éste'

En ese momento me sentí empalidecer. Obviamente la joven doctora debió de haberse dado cuenta de ello porque me miró confundida mientras Fred trataba de decirme: 'No te preocupes'.

"Cuando ella preguntó '¿Qué sucede?', Fred le explicó que en realidad aquél era mi estetoscopio. Así que ella me preguntó: '¿Tiene usted también otros estetoscopios?'

"'No', admití, 'pero quiero que se lo quede'. Esta no era exactamente la verdad, pero la cara de felicidad de aquella doctora bien valía el costo de aquel estetoscopio". (Más tarde el doctor Stevens le regaló a Sam otro estetoscopio.)

Así que Sam regresó de aquel viaje misionero espiritualmente renovado. A la misma vez estaba preparado para volver a mirar al futuro, tanto en lo personal como en lo profesional. Comenzó a salir con una muchacha cristiana que conoció a través de su iglesia. Susan también estaba en el proceso de recibir sanidad emocional. Se había divorciado recientemente de un hombre que nunca compartió su fe. Tanto Sam como Susan buscaban una persona que viera un compromiso serio con el cristianismo como parte esencial de la relación matrimonial. Se llevaron bien desde el principio.

Susan, que había estado expuesta al campo de la medicina en su trabajo como terapeuta física de niños, entendió y reafirmó los deseos y sueños de Sam de asistir a la facultad de medicina. Con su apoyo, Sam decidió que estaba listo para tomar su examen de admisión a la facultad de medicina y formalmente solicitar su admisión a dicha institución.

La respuesta a su solicitud llegó al final de la primavera de 1990. Había sido aceptado como suplente, lo cual significaba que todas las vacantes para estudiantes estaban ocupadas en el momento, pero que si alguna persona que había sido aceptada oficialmente cambiaba de idea o decidía no continuar, Sam estaba en la lista de candidatos para llenar la vacante.

La reacción de Sam reflejó su naturaleza optimista. "Nunca supe realmente si habían tres suplentes o 10 ó 50", dice "pero en esos momentos pensé: *¡Casi lo logro¡ Ya estoy más cerca de mi meta. ¿Qué más puedo hacer para asegurarme de que me acepten el próximo año?*

El continuó trabajando, tomando más cursos preparativos y volvió a tomar el examen de admisión la próxima primavera. En esa oportunidad cuando la carta de respuesta llegó, Sam no la abrió inmediatamente. Susan ya había aceptado casarse con él y estaba haciendo los preparativos para la boda. en unas semanas más. Ella dice: "Sam deseaba orar por unos cuantos días, pidiéndole al Señor que le preparara para aceptar lo que la carta dijera. Yo apreciaba esa actitud de sumisión a Dios, pero el suspenso me desesperaba porque sabía lo mucho que ese sueño significaba para él".

Sam recuerda vívidamente haber abierto la carta y leer que su solicitud había sido rechazada.

San recuerda vívidamente haber abierto la carta y leer que su solicitud había sido rechazada. "Fue un rechazo devastador. Lo peor que esperaba era estar en la lista de suplentes de nuevo. En todo caso mi aplicación era mejor esta vez que la anterior. Esa fue una sorpresa para la cual no estaba preparado. No podía decirme a mí mismo: *Casi lo logras.* No había nada por lo cual estar alentado".

Susan y él lloraron juntos mientras compartían su dolor. Sam oraba: "¿Qué está sucediendo, Señor? ¿Qué estás tratando de decirme?"

En este punto sintió que el Señor le preguntaba: "¿Cuán valioso es esto para ti?" Sam le contestó: "¡Haré lo que sea necesario!"

Susan se daba cuenta del dolor de Sam, y la admiraba la respuesta de él. "En todo caso, el rechazo parecía haberlo afirmado más en su determinación. El comenzó a hacer todo lo que podía para impresionar al comité el próximo año".

Sam y Susan se casaron y comenzaron su nueva vida juntos. Todos sus planes futuros tomaban en consideración los planes de Sam para estudiar medicina. Susan quedó impresionada con la motivación y determinación de su esposo. Cuando platicaban acerca del día en que él fuera médico, el foco de atención no estaba en el prestigio o el dinero que un título de médico pudiera traerle. Más bien Sam hablaba de cómo podría ayudar a los demás, de establecer una clínica en alguna zona rural del sur del país, donde escaseara la atención médica. El se mantenía abierto a cualquier especialidad que el Señor le indicara. La motivación de Sam era tan pura que Susan no se podía imaginar por qué Dios no le había abierto las puertas de par en par a él.

Lo que había sucedido era que la facultad de medicina había recibido la mayor cantidad de solicitudes de admisión de años recientes. Había tantos candidatos de un nivel tan alto que Sam no tuvo oportunidad ese año. Sin embargo continuó estudiando y esforzándose durante el primer año de matrimonio con Susan. A la siguiente primavera volvió a tomar el examen y solicitar admisión por tercera vez.

"Cuando fui puesto en la lista de suplentes nuevamente no me descorazoné mucho", explica Sam, "era un paso en la dirección correcta". Al siguiente año él tomó varios cursos especiales y conoció a varios estudiantes que se preparaban para entrar en la facultad de medicina. Organizaron un desayuno de oración justo antes de tomar el examen de admisión, y por primera vez Sam salió del largo día de examen sintiéndose muy optimista. En realidad sacó sus mejores calificaciones en esa oportunidad.

Cuando llegó la carta de respuesta, Sam tomó toda la correspondencia y esperó a que Susan regresara a la casa. Esa noche, juntos, oraron y abrieron el sobre. "Susan y yo lloramos juntos nuevamente, pero esta vez de alegría", recuerda

Sam, "había sido aceptado. Después de tanto esfuerzo y tantos años por fin era aceptado en la facultad de medicina. Mi sueño se iba a convertir en realidad".

"Era maravilloso", añade Susan. "¡Sam estaba tan contento! Le tomé fotografías leyendo la carta. Llamó por teléfono a sus padres para darles la noticia. Entonces dicidimos celebrar saliendo a cenar a nuestro restaurante favorito".

Sin embargo, ése fue también un tiempo de reflexión para los dos, porque el hecho de que Sam comenzara a estudiar medicina ese otoño les obligaba a pensar en los difíciles años que se avecinaban. "El pensar que yo sería responsable totalmente del sostén económico del hogar mientras Sam estudiaba me asustaba un poco", admite Susan. "Pero mayormente, éste fue un tiempo emocionante de alegría y anticipación, porque Sam había trabajado muy arduamente y había soñado mucho con ese día".

Durante ese mismo verano, Sam oyó hablar de los Cumplidores de Promesas en el programa radial Enfoque a la Familia. "Todo lo que ellos decían acerca de los Cumplidores de Promesas me hacía pensar: *Eso suena como algo que yo realmente necesito*", dice Sam.

"Su énfasis en poner a Dios en primer lugar, y el énfasis en la santidad del matrimonio y la familia parecían ser la base de lo que yo iba a necesitar para ayudarme con las demandas de la facultad de medicina. Desde la primera vez que oí de sus conferencias, me sentí impulsado a asistir. Era una sensación de 'ahora o nunca' porque sabía lo que me esperaba en el futuro".

Sam comenzó a invitar a varios hombres para ir a Boulder con él. Varios aceptaron, y todos, excepto uno, decidieron no asistir. Cuando ambos llegaron a Colorado, el hombre que iba con Sam, que era estudiante de antropología, escuchó su "llamado" personal y siguió viaje hacia el estado de Wyoming para estudiar la cultura india, así que Sam asistió a la conferencia solo.

"Mucho de lo que aprendí en esos dos días se aplicaba a mi vida", dice Sam, "pero la sorpresa más grande vendría al final de la conferencia, en un servicio especial a la luz de velas, cuando Bill MacCartney presentó un reto y llamó a los hombres para que fueran realmente cumplidores de promesas. Mi primera reacción fue: *Yo no puedo ser un cumplidor de promesas. No voy a tener suficiente tiempo para cumplir este compromiso.* Pero entonces me di cuenta de que si no ponía a Dios y a mi familia en primer lugar en mi vida, algo andaba mal. Ese fue un pensamiento perturbador por lo que significaba para mis sueños. ¿Sería posible que Dios no quisiera que yo fuera doctor? Comencé a batallar con mis pensamientos, pero no tenía mucho tiempo para hacerlo si es que deseaba participar en la ceremonia. No podía dilucidarlo todo en tan corto tiempo, pero no cabía duda de que Dios y mi familia debían estar antes que mi vocación. Así que acepté, y encendí mi vela como señal de mi compromiso".

> *"Me di cuenta de que si no ponía a Dios y a mi familia en primer lugar en mi vida, algo andaba mal".*

Sam regresó a su casa desde Colorado, y con lágrimas en los ojos le dijo a Susan: "Parte de mí no puede creer que estoy diciendo esto, pero hice el compromiso de poner a Dios y a nuestro matrimonio antes que todo lo demás en mi vida. Si no puedo cumplir esta promesa mientras asisto a la escuela de medicina estoy preparado para abandonar mi sueño de ser doctor".

Su esposa recuerda: "Me entristecía pensar que Sam pudiera enfrentarse a esa decisión después de todo lo que pasó para ser aceptado en la facultad de medicina. Pero me sentí orgullosa del compromiso que había hecho con Dios y con nuestro matrimonio". Las clases comenzaron ese otoño. "Por un lado, ése era un muy deseado y esperado sueño que me había dado Dios, y que se convertía en realidad", dice Sam. "Todo lo que por años había deseado comenzaba a suceder por fin. Tenía un matrimonio maravilloso, una buena esposa, estaba en la facultad de medicina e iba a ser doctor. Las asignaturas eran un reto, y la presión de los estudios era frustrante, pero a la vez encontraba la experiencia emocionante y estimulante. Me encantaban los estudios".

Fue obvio en los primeros días, sin embargo, que las demandas y el itinerario de clases iban a tomarle la mayor parte del tiempo. Sam se despertaba a la cinco de la mañana diariamente para orar rápidamente antes de comenzar a estudiar. Llegaba a la facultad de medicina antes de las siete de la mañana, y pasaba el tiempo antes de su primera clase en el laboratorio de anatomía, revisando las disecciones del día anterior. De las nueve de la mañana hasta la cinco o seis de la tarde estaba en clase. Entonces regresaba a la casa, cenaba rápidamente y estudiaba hasta la medianoche, hora en que caía agotado en la cama. Había tomado la decisión de separar una noche a la semana para pasarla con Susan, pero no le parecía suficiente tiempo.

"Me gustaba lo que hacía", declara Sam, "pero sentía que iba perdiendo lo que realmente me importaba más en la vida. Mi relación con Dios, mi matrimonio y los planes de formar una familia parecían estar suspendidos. Y había cuatro largos años de facultad delante de mí, y cuatro más de residencia".

Mientras tanto, Sam comenzó a recibir llamadas telefónicas de otros hombres de su zona que habían asistido a la reunión de los Cumplidores de Promesas, y de algunos que se interesaban en ese ministerio. Algunos sólo deseaban información, pero otros deseaban que se iniciara un grupo local. A cada uno de los que llamaban, Sam les decía: "Realmente creo en lo que esta organización está haciendo. Es maravillosa y muy significativa en mi vida. Pero en estos momentos no tengo tiempo para involucrarme en ella".

Cada vez que tenía que decir eso sentía como si estuviera negando al Señor Jesucristo, y esto comenzaba a pesar en su mente. "Sentía que estaba poniendo las cosas equivocadas en primer lugar, que la medicina me estaba sacando del lugar donde debía estar. Era una lucha agonizante".

Fred Stevens, el médico cristiano con quien había ido al
Perú, fue de gran ayuda durante ese tiempo. Sam iba a su
oficina frecuentemente para orar con él, y Fred le animaba a
ser sensible a lo que Dios le decía. Eso no fue fácil para Sam,
pero según transcurrían las semanas, una pregunta que le
hiciera Fred, en realidad le aclaró a Sam todo el asunto:
"¿Sientes que en estos momentos estás más cerca de Dios y
de Susan que antes de comenzar a estudiar en la facultad de
medicina?"

La respuesta a esa pregunta era muy obvia: *¡No!*, d ijo Sam.

Pero ¿cómo habría de abandonar sus sueños? Sam habló
con la persona que conocía en la junta de admisiones de la
facultad. Ella era una mujer cristiana y entendía el dilema de
Sam. Años atrás, por causa de sus propias prioridades, ella
había recibido una Licenciatura en Letras en lugar de un
doctorado en medicina.

La mayor parte del asesoramiento que Sam recibió de la
comunidad médica fue que continuara con la carrera. Un
neurocirujano que él conocía desde hacía varios años le
detuvo en un pasillo del centro médico un día para decirle que
había oído hablar de las inquietudes de Sam y que en su
opinión debía declararse ilegal que un estudiante de medicina
abandonara la carrera el primer año. "Todo el mundo detesta
el primer año", le dijo él. "Pero eso no era cierto en mi caso",
dice Sam. "Yo no detestaba la facultad de medicina, disfrutaba mis estudios. Así que no era un asunto de odiarlos y
abandonar la carrera. Mi pregunta era: ¿Es esto realmente lo
mejor para mi familia y para mi vida espiritual?'" Yo hubiera
podido racionalizar el no abandonar la carrera pensando en
lo bien que habría de estar mi familia en el futuro en cuanto
al aspecto económico si fuera médico. Hubiera podido imaginar cuánto podría hacer por el Señor como médico misionero. Pero esos pensamientos sonaban más y más como
racionalizaciones".

Susan vivió de cerca la lucha de su esposo. "Desde el día
que comenzó la facultad de medicina, Sam dejó de ser la
misma persona. Me daba cuenta con sólo mirarlo; no tenía

paz. Cuando estábamos juntos, lo cual no era muy a menudo, solamente hablaba de sus dilemas, y yo comencé a sentir que si estudiar medicina era algo que realmente Dios deseaba que él hiciera, entonces no estaría tan atormentado. Pero estaba indecisa en cuanto a decírselo porque no quería que mi opinión fuera la causante de que abandonara sus sueños. Eso sería algo que Sam tendría que ver y decidir por sí mismo. Simplemente oré y le entregué la situación al Señor".

Un día, cerca del fin del primer mes en la facultad de medicina, Sam comprendió que su lucha interna ya no era en cuanto a lo que debía hacer, sino en cuanto a lo que no debía hacer. Esa mañana antes de salir para la facultad le dijo a Susan que ya había tomado una decisión.

(Para ayudarle a imaginarse en el lugar de Sam y meditar en los asuntos que él enfrentaba, hemos escogido no revelar lo que Sam decidió hacer.)

Evaluación personal

Si a su esposa o hijos le preguntaran cómo emplea usted su tiempo, ¿le molestaría que sus respuestas fueran publicadas en el periódico para que todos las leyeran? ¿Por qué sí o por qué no?

En el grupo

1. ¿Escribió usted la carta mencionada en la sección titulada "Mi respuesta" en el capítulo anterior? Si lo hizo, ¿la entregó? Si no la escribió, o si la escribió y no la entregó, ¿por qué tomó esa decisión?

2. ¿Qué revela el uso de su tiempo en cuanto a sus verdaderas prioridades? ¿Son esas prioridades lo que usted desea que sean? ¿Por qué sí o por qué no?

3. ¿Qué ha abandonado usted personalmente por el bienestar de su familia? ¿Qué ha recibido de esa inversión?

4. ¿Cómo nos damos cuenta de la voluntad de Dios para nuestra vida, incluyendo nuestra carrera? ¿Qué pasajes bíblicos apoyan el método que usted sugiere?

5. Las prioridades no están grabadas en piedra, son dinámicas. En el caso de Sam, él y su esposa habían acordado que por un tiempo, él debía concentrarse en su carrera y emplear menos tiempo en otras cosas. ¿Por qué cree usted que cambió la perspectiva de Sam? ¿Cómo hubieran podido Sam y su esposa haber trabajado más de cerca en tomar una decisión (por ejemplo, haciendo juntos una lista de las cosas a favor y en contra para cada opción, y estudiando las Escrituras pertinentes)?

6. ¿Qué pasajes bíblicos pudieran aplicarse a la situación de Sam? ¿A la situación particular de usted?

7. Opcional: Si alguien en su grupo está enfrentando una decisión importante ahora mismo, ayúdenlo usando una lista de cosas a favor y en contra para cada una de sus opciones, e identificando pasajes bíblicos que se pudieran aplicar.

Mi respuesta

Complete esta oración de acuerdo con su situación particular, y etonces dígale a Dios: "Señor, mi mayor lucha por mantener mis prioridades en orden en estos momentos es _____
Ayúdame a conocer y hacer tu voluntad en esta área. Gracias por amarme y escuchar mi oración. En el nombre de Jesús, Amén".

Versículo para memorizar

"Porque yo sé los pensamientos que tengo acerca de vosotros, dice Jehová, pensamientos de paz, y no de mal, para daros el fin que esperáis" (Jeremías 29:11).

Capítulo 4

Introducción

Como muchos de nosotros, Joel Treadaway luchaba con sus prioridades. El tratar de equilibrar las demandas del matrimonio, los hijos y la carrera era un reto constante.

Pensamos que muchos lectores se identificarán con esa lucha. En realidad, tal vez usted encuentre partes de la historia de Joel muy similares a la de usted. Pero a medida que lee, piense bien las decisiones que él tomó, y en lo que usted puede aprender de ellas, y entonces aplique esas lecciones a su propia situación.

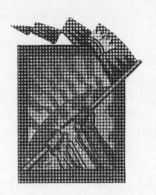

Un cumplidor de promesas fortalece su matrimonio

El matrimonio de Joel y Lena Treadway no comenzó de forma fácil. La boda tomó lugar una semana antes que Joel comenzara la facultad de abogacía. Lena también asistía a la universidad. Le faltaba poco para recibir su diploma de maestra. "Así que realmente no experimentamos nuestro primer año de matrimonio hasta después que Joel se graduó de la facultad de abogacía", dice Lena.

"El estaba tan dedicado a sus estudios, que casi no lo vi hasta que se graduó".

Y en ese punto, el esposo de Lena, que era adicto al trabajo, simplemente cambió una obsesión por otra. En vez de a sus estudios, ahora él dedicaba todas sus energías a su nueva carrera, en una firma grande de abogados en la ciudad de Miami. No tan sólo trabajaba duro, sino que era un buen abogado. En menos de tres años, Joel se convirtió en el socio más joven en la historia de los 200 años de la firma de abogados.

El alcanzar ese éxito, sin embargo, tuvo un precio; su relación matrimonial sufrió mucho. El hecho de que no iban a poder tener hijos, algo que ambos deseaban, añadió tensión entre ellos. Así que para el tiempo en que comenzaron a hablar sobre las implicaciones de la adopción, Lena sabía que algo tenía que cambiar.

Joel le seguía diciendo: "Cuando me ponga al día en mi trabajo, tendremos tiempo para pasarlo juntos". Inclusive planearon un par de viajes de vacaciones, tan sólo para que Joel al último minuto cancelase los planes.

Lena finalmente exigió ir con él un día cuando Joel tenía que manejar al norte de la Florida para tomar una deposición. Al menos esto les daría tiempo para conversar. Mientras viajaban, ella le habló de su frustración e infelicidad. "Tenemos que hacer algo, porque esto simplemente no puede seguir así", le dijo ella. "Estamos pensando en adoptar, pero yo no creo que sería justo traer a un niño a nuestro hogar en estos momentos. Tú estás totalmente dedicado a tu carrera, y nunca estás en la casa. No hablamos, y no hacemos cosas juntos. Este no es el tipo de vida que yo deseo".

Llegada la noche, parecía que no quedaba nada más que decir. "Así que allí en un hotel del norte de la Florida", recuerda Lena, "yo le dije, que no podía continuar viviendo así. Estamos viviendo vidas separadas, ¿por qué no hacerlo oficial? Dividamos nuestras pertenencias y comencemos los procedimientos del divorcio".

"Estamos viviendo vidas separadas, ¿por qué no hacerlo oficial? Dividamos nuestras pertenencias y comencemos los procedimientos del divorcio".

Joel se volvió y miró a su esposa a los ojos. Con voz vacilante, torturada, él le preguntó: "¿Lena es realmente lo que deseas?"

Lena bajó la cabeza y cerró los ojos con fuerza tratando de contener las lágrimas. En silencio ella oró: "Dios, si eres real, te voy a pedir que me quites el enojo". Ella dice: "Dios, de forma instantánea, derritió mi corazón. Levanté lentamente la cabeza y le dije: 'Tratemos de nuevo'. Y mientras miraba fijamente a lo más profundo de los ojos castaños de Joel, sentí un amor intenso y profundo entre nosotros que nunca habíamos tenido antes".

Joel también lo sintió. "Me di cuenta de que habíamos llegado a un punto de crisis", cuenta él. "Tenía que enfrentarme a ciertas preguntas cruciales. ¿Sería un esposo y padre real? ¿O me lanzaría por mi cuenta a lograr más éxitos en mi carrera?

"Ambos éramos cristianos en ese momento, pero hay mucho más en un matrimonio que asistir a la iglesia, pagar las cuentas y arreglar la casa juntos". Joel había hecho esas cosas y abandonado muchas otras. Así que hizo un compromiso con Lena y con Dios de arreglar sus prioridades.

Joel razonó: *¡Si puedo organizar mi vida profesional lo suficiente como para ser un abogado de éxito, también debo ser capaz de organizar mi vida en mi hogar de tal forma que pueda también ser un esposo y padre de éxito!*

Para empezar, Joel le dijo a Lena: "De ahora en adelante, cuando yo haga planes para tomar vacaciones, las tomaremos. No permitiré que nada interfiera en dichos planes". Ellos pasaron varios buenos ratos juntos en los meses siguientes. Pero eso no fue todo. Joel se hizo el propósito de sacar a Lena a pasear al menos una vez por semana, a comer afuera o quizás al cine. Sabiendo que su esposa se había criado en el campo y que no le emocionaba mucho vivir en una gran ciudad, él hizo arreglos para hacer un huerto para Lena en una tierra que uno de sus socios principales poseía afuera de la ciudad. Casi todos los fines de semana, ambos manejaban hasta el lugar para atender el huerto.

"No es que todo de momento fue perfecto", Lena dice. "Joel aún trabaja muy duro. Siempre que tomaba tiempo libre, él regresaba y trabajaba horas adicionales para compensar. El siempre ha estado muy consciente, casi obsesionado en ocasiones, con las responsabilidades de su trabajo. Pero era como si fuese un hombre diferente. Cuando él *estaba* en casa, él estaba en *casa*. Mostró un interés en lo que yo estaba haciendo y en mí como persona. Se había comprometido conmigo como persona, yo sabía que se preocupaba por mí. Eso fue lo que noté más que nada, que yo le importaba".

El nuevo compromiso de Joel y Lena hacia sí mismos y hacia su matrimonio proveyó este fundamento muy necesario para los frecuentes retos que muchas veces presenta la tarea de padres. Adoptaron un pequeño niño llamado Danny. Un par de años más tarde, para su asombro, Lena quedó embarazada y tuvo un hijo que llamaron Isaac; pero tristemente murió al nacer. Cuando Danny tenía tres años y medio, adoptaron a Sara. Durante su examen médico de los seis meses, el doctor descubrió un defecto congénito extremadamente grave, que requería una operación de corazón abierto muy delicada y peligrosa.

"Esos fueron años de gran tensión", admite Lena. "Pero Joel fue tan bueno, tan sensible en cada crisis. El estuvo conmigo cien por ciento del tiempo en el hospital con Isaac. Y estuvo conmigo todo el tiempo que Sara estuvo en cirugía. Dudo que hubiera podido sobrevivir nada de eso sin el apoyo continuo y amoroso de Joel".

La familia Treadaway nunca imaginó que la odisea mayor estaba aún por llegar. Comenzó cuando la agencia de adopción que les había entregado a Danny y a Sara les llamó para decirles sobre un varón recién nacido, que nadie quería, con un problema terminal del corazón que se encontraba en un hospital cercano. El bebé había sufrido un ataque cardíaco masivo justo después de nacer. El próximo ciertamente lo mataría Los médicos esperaban que el bebé muriese en cualquier momento. Pero mientras tanto, la agencia estaba buscando a una pareja que supiese algo de problemas neonatales cardíacos y que estuviese dispuesta a visitar, a tener en brazos y darle amor al pequeño bebé.

Una visita a la sala de bebés del hospital fue lo suficiente para convencer tanto a Joel como a Lena que ellos deseaban adoptar a Seth. En tres semanas, el pequeño bebé asombró a los médicos recuperándose lo suficiente como para que la familia Treadaway se lo llevase a casa. Pero dos días después, su corazón se detuvo y tuvo que ser resucitado y llevado de prisa de regreso al hospital. Los médicos le dieron seis meses de vida como máximo.

Muchas personas oraron por Seth. A medida que crecía y se fortalecía, los asombrados médicos lo consideraron un milagro. Su corazón se detuvo en varias ocasiones, pero cada vez, Joel o Lena, o alguien del personal médico pudieron revivirlo. Durante meses estuvo entrando y saliendo del hospital, y cuando estaba en casa, requería 24 horas al día de atención. Por causa de que Joel tenía que trabajar, la mayor parte de la carga del cuidado diario de Seth cayó sobre Lena. Pero Joel hizo un esfuerzo especial de ayudar los fines de semana e inclusive asistió a la mayoría de las citas médicas de entre semana.

Joel se apegó a Seth en una forma que asombró a Lena y le dio una nueva profundidad de amor y admiración por su esposo. Pero la devoción de Joel hacia Seth también le dio razón para preocuparse porque cuanto más desafiaba su hijo los diagnósticos médicos, más deseaba Joel creer que Seth pudiese realmente vivir una vida normal algún día.

Cuando Seth cumplió dos años, su salud general había mejorado hasta el punto en que podía salir de la casa y pasear con su familia. Aunque su nivel de energía era bajo, y aún requería remedios regularmente y terapia respiratoria diaria, sin embargo él era un niño bastante activo.

Aunque Lena estaba de acuerdo con Joel en que tenían que tratar a Seth de la forma más normal posible, ella se preocupaba más y más por lo que consideraba el excesivo optimismo de Joel. El gozo de ella por la sobrevivencia admirable de Seth y por su crecimiento, siempre fue afectado por la realidad de que sus problemas del corazón persistían y que podían matarlo en cualquier momento.

Lena y toda la familia se maravillaban de los resultados asombrosos de lo que Joel llamó su "Programa de reto para Seth".

Aunque él no tenía en el torso la fuerza para nadar, Seth disfrutaba mucho flotando y moviendo las piernas en el agua. Pasear a caballo se convirtió en un gozo especial para él, pero lo que le gustaba más era esquiar. Joel lo sostenía por las manos y lo apoyaba en sus piernas, y ambos descendían la pendiente.

Joel estaba tan esperanzado con todo lo que podía hacer Seth, que rehusaba hablar sobre los problemas de cuidado médico continuo de su hijo. Para el tiempo en que Seth cumplió los cuatro años, Lena comenzó a ver un leve pero continuo declive del estado general de su hijo. Joel no podía (o no quería) verlo. Pero quizás a nivel subconsciente él veía lo que se avecinaba, porque comenzó a retirarse se la familia involucrándose más y más en su trabajo.

Una noche durante el verano de 1992, mientras Lena estaba acostando a Seth, le preguntó: "¿Tú sabes cuánto te amo?" El le dio un abrazo y le dijo: "Oh, yo también te amo mucho".

En ese momento, Lena dice que ella se sintió inclinada a continuar: "¿Tú sabes que Jesús te ama mucho también?"

"Sí lo sé"', contestó él. "Mami ... Jesús está aquí".

"Ciertamente querido", Lena le aseguró. Entonces ella notó que en vez del niño estarla mirando a ella, Seth miraba al otro lado de la habitación hacia su librero.

Entonces él señaló y le dijo: "El está allí.

"¿De veras?", le preguntó ella.

"Sí".

Lena siguió la mirada de su hijo. "Yo nunca vi nada", dice ella. "Pero no tenía la menor duda de que Seth sí lo veía. Por lo que parecieron unos cinco minutos, me quedé sentada en silencio, observándole cómo miraba él hacia el librero. Entonces se asomó una dulce sonrisa en su rostro y finalmente volvió su mirada hacia mí. Y le dije: 'Seth, si Jesús en algún momento desea que vayas con El, yo quiero que vayas. Está bien, porque El te ama mucho'.

"El me dijo: 'Está bien mami, lo haré', y luego miró de nuevo hacia el librero y su rostro se iluminó con una gran sonrisa. Me levanté para salir de la habitación. Cuando estaba en el pasillo, me apoyé contra la pared, porque sabía que el fin estaba muy cerca".

Joel estaba en casa esa noche. Pero Lena no le dijo nada de lo que había sucedido porque ella no pensó que él desearía oírlo. En realidad él no quería reconocer lo que le parecía aún más obvio a Lena en las cuatro semanas siguientes: Seth se estaba debilitando más y más.

Entonces, una tarde mientras estaba sentado apaciblemente en las rodillas de Lena, Seth dejó de respirar. Mientras ella lo acostó rápidamente en su cama y comenzó a darle resucitación cardiopulmonar, le gritó a Danny que llamara al 911 y luego a la oficina de Joel. Pero ella sabía que su hijo había muerto.

Los paramédicos habían llegado y tomado control de la resucitación para el momento en que Joel llamó con su teléfono en el auto para decir que estaba de camino. "¿Qué sucedió?", quiso saber él.

"Seth acaba de morir", Lena le dijo.

"¿Qué quieres decir con que *acaba de morir*?"

Lena le contestó suavemente: "Querido, él ya se nos fue. No lo podemos hacer regresar esta vez. ¡Es el fin!"

"¿Por qué dices eso?", demandó Joel.

"Porque es la verdad. Hay una gran paz. Todo acabó".

Entonces Joel dijo: "Estaré allí enseguida".

"Está bien. ¿Deseas hablar más?", le preguntó Lena.

"No; quiero estar solo".

Joel se encontró con Lena en el hospital, y ella cuenta que su esposo "sencillamente se derrumbó. El estuvo negando esto por tanto tiempo que tuvo que llorar".

La familia Treadaway planeó un funeral especial que ellos llamaron un servicio de celebración. Después que algunas personas describieron sus recuerdos favoritos de Seth, la familia lanzó globos llenos de helio hacia el cielo, para simbolizar la entrega de su hijo a Dios en los cielos.

Pero a pesar de haber encontrado algún consuelo inicial con la belleza y significado del servicio fúnebre, el proceso del dolor sólo había comenzado para la familia Treadaway. "Yo fui con gran rapidez de la negación, al dolor y al enojo", reconoce Joel. Desde ese punto, sin poder procesar sus propios sentimientos, mucho menos los demás, él se apartó de la familia y comenzó a enterrarse en su trabajo. Aceptó un número de casos fuera de la ciudad. Uno lo alejó del hogar durante tres semanas, y otro por diez días.

"De pronto, yo lo necesitaba, y él nunca estaba aquí", Lena cuenta.

Joel dice ahora: "Me duele admitirlo, pero dejé de apoyar espiritualmente a mi esposa. Yo no podía preocuparme de ella o de mis otros hijos. Fui egoísta de mi parte, pero yo me convertí en mi prioridad principal".

> *Joel estaba enojado con Dios. Como buen abogado litigante que era, él tenía una larga lista de preguntas que deseaba que Dios contestase.*

Para ese entonces, Joel tenía un amigo cercano llamado Mike McIntyre, que era cristiano y hablaba con él dos o tres veces por semana. Ellos habían decidido rendirse cuentas el uno al otro, y lo estaban haciendo ya por varios años.

Un día Mike le dijo a Joel: "Sabes que lo que estás haciendo es huir. Y mientras estés huyendo, este problema sólo se agrandará".

La única reacción audible de Joel fue decirle a su amigo: "Eso es interesante. Lo voy a pensar". El no le dijo hasta mucho después lo molesto que Mike lo había hecho sentir por haber estado tan en lo cierto.

Pero sobre todo, Joel estaba enojado con Dios. Como buen abogado litigante que era, él tenía una larga lista de preguntas que deseaba que Dios contestase. *¿Por qué tuviste que llevarte a Seth ahora? ¿Estabas acaso jugando con nuestros* sentimientos al mantenerlo vivo por tanto tiempo? ¿Acaso éramos demasiado felices? ¿No pensaste que tendríamos suficiente dolor? ¿Acaso no hicimos lo suficiente para justificar el tener a Seth? ¿Esperabas tal vez que nosotros orásemos más o que tuviésemos más fe? El no escuchar respuesta para ninguna de sus preguntas sólo enojaba más a Joel.

"Yo tenía todos esos sentimientos reprimidos adentro", dijo él, "como la Coca Cola que se bate y se llena de espuma y queda lista para explotar. Pero mis sentimientos no tenían adónde ir, porque yo me encerraba en mí mismo alejándome de Dios y de mi familia".

Finalmente, un día en la primavera de 1993, Joel se encontró sentado en el automóvil de su amigo Mike. El tiempo obscuro y tormentoso hacía juego con su temperamento a medida que la lluvia sonaba rítmicamente sobre el techo y el parabrisas del vehículo. Después de hablar por un rato, Joel finalmente expuso su dolor orando: "Dios, hicimos lo correcto cuando aceptamos a Seth. Hicimos lo que tú nos pediste que hiciésemos, nos ha causado tanto dolor. ¿Cómo pudiste hacernos esto? Si realmente nos amas, ¿cómo nos puedes pedir que pasemos por esto? ¿Cómo pudiste llevarte a Seth de esa forma?"

Mientras los dos hombres conversaban, Mike le recordó a Joel acerca de varias verdades que él ya sabía, que Dios había creado a Seth y se lo había dado a Joel y a Lena como un regalo precioso, de la misma forma que El les había dado a sus otros hijos. Que Dios es soberano, que Dios sabía exactamente cómo se sentía el perder un hijo, que Joel aún tenía otro hijo y otra hija, mientras que Dios tenía sólo un Hijo, y El estuvo dispuesto a darlo por nosotros. "Pero aún después de meditar en todo eso", Joel dice, "Yo estaba aún pensando: *¡Cuando yo llegue al cielo, más vale que Dios pueda explicarme esto en una forma que pueda entender!"*

El reconocer que aún deseaba creer que Dios estaba siempre en control no hizo que Joel automáticamente *sintiese* que era verdad. Pero fue el primer paso que tenía que tomar antes que hubiese ninguna esperanza de restaurar equilibrio y la paz en su vida.

Aunque Joel continuó invirtiendo la mayor parte de su energía en su trabajo, él sabía que tenía que hacer algo para ayudar a Lena y los niños a salir adelante. Así que prepararon un número de viajes familiares en el primer año después de la muerte de Seth. El estar lejos de la casa significaba que ellos estaban lejos de los recuerdos dolorosos durante la Navidad y las vacaciones de primavera. Por la misma razón Joel planeó un viaje con la familia al Gran Cañón al comienzo del verano de 1993.

El problema era que Joel no podía esconderse en su trabajo o en las vacaciones, así que su alejamiento emocional, era más obvio. "Por un lado la belleza espectacular del Gran Cañón era una gran distracción", él dice. "Escalamos muchas montañas y realizamos otras actividades con Danny y Sara. Pero no creo que le dije diez palabras a Lena en todo el viaje. Eso no era algo usual en mí, al menos no el antiguo yo. Todos sentimos la tensión, y me atemorizó. En algún lugar leí que la gran mayoría de las parejas que experimentaban la pérdida de un hijo terminaban divorciándose. Yo no deseaba ser parte de esas estadísticas.

"Cuando regresamos a casa, Lena y yo salimos varias veces a comer solos. Pero nosotros aún no estábamos unidos emocionalmente. Yo sabía que tenía que cambiar. Simplemente no sabía cómo hacerlo. Así que continué volcándome en mi trabajo".

Un amigo invitó a Joel a las reuniones de los Cumplidores de Promesas en Boulder. El se excusó diciendo que tenía un juicio que comenzaba esa semana. Pero cuando el caso llegó a un acuerdo al último minuto, Joel llamó a su amigo y le dijo que iría después de todo. El estaba desesperado por respuestas; quizás encontraría algunas allí.

Cuando Joel llegó a Boulder y vio el programa, supo por qué estaba allí. El doctor James Dobson, que había acabado de publicar el libro *Cuando lo que Dios hace no tiene sentido*, estaba en el programa para hablar la última noche sobre ese tema. *Eso es lo que yo necesito escuchar,* Joel pensó, *porque lo que Dios ha techo últimamente en mi vida no tiene mucho sentido.* Sin embargo, cuando llegó la última sesión de la conferencia, el doctor Dobson se acercó al micrófono y dijo: "Yo vine preparado para hablarles a ustedes sobre 'Cuando lo que Dios hace no tiene sentido', pero pienso que hay algo mucho más importante que eso. Lo que siento que tengo que compartir con ustedes es: 'Lo que su esposa desea que yo les diga'".

Joel dijo: "Fue como si él se hubiera sentado a mi lado y comenzara a señalarme lo que Dios, Mike y Lena habían estado tratando de decirme todo el tiempo y yo simplemente no había escuchado. El habló de cómo el hombre que desea ser feliz y sano, y todo lo que Dios desea que él sea, debe hacer de su esposa y de las necesidades de ella una prioridad. Dijo que Dios honra esto, y que nosotros debemos asegurarnos de que nuestras prioridades reflejen las prioridades de Dios para nuestra vida". Mientras más hablaba el doctor Dobson, tanto más fracasado se sentía Joel. Cuando su esposa y familia le necesitaron más, él simplemente no los había ayudado. Ellos tuvieron que cargar con su propio dolor y angustia sin él. Para cuando el doctor Dobson terminó, Joel estaba casi sobrecogido con sentimientos de culpa y remordimiento. El le pidió a Dios que le perdonase y le ayudase a equilibrar su vida de nuevo. Y él prometió hacer lo que fuese necesario para probarles a su esposa e hijos lo importante que eran para él.

Joel voló de regreso a Miami el domingo en la mañana. Desde el aeropuerto, él fue de prisa, sin desviarse, a la iglesia. "¡En el momento que vi a Lena después del servicio, la tomé en mis brazos y la besé por lo que me parecieron unos 15 minutos!, él dijo, "No podía soltarla. ¡Supongo que en ese momento ella supo que algo había sucedido!" "¡Sí, lo supe!", respondió Lena con una risita. "Joel no es una persona demostrativa, y nunca pensaría en besarme en público. ¡Pero eso fue lo que hizo! Un buen grupo de nuestros amigos estaba a nuestro alrededor mirándonos y sonriendo.

"La mirada en los ojos de Joel era tan cálida y amorosa. Fue algo realmente especial. Cuando finalmente dejó de abrazarme, yo me reí y le dije: 'Vas a ir a los Cumplidores de Promesas más a menudo'. Recuerdo ese momento como uno de los más emocionantes de nuestra vida, porque Joel estaba declarando con sus acciones: 'Lena, te voy a probar que estoy renovando mi compromiso contigo'.

Por casi un año, la separación emocional de Joel había impedido que Lena y sus hijos pudieran lidiar con su propio dolor y con las preguntas concernientes a la muerte de Seth. El ahora entendió que los debía ayudar en esto. Por sugerencia de Joel, él y Lena leyeron y discutieron el libro *Cuando lo que Dios hace no tiene sentido*. El la animó a que ella le expresara todo el dolor que había reprimido por tanto tiempo. El habló con franqueza con Danny y Sara acerca de los sentimientos de ellos y los de él. Juntos como familia, en ocasiones comparten algunos de los buenos recuerdos que tienen de Seth.

A medida que él se reincorporó a la rutina diaria de su familia y restableció un equilibrio saludable en sus prioridades, Joel comenzó a adquirir una perspectiva que no tenía cuando sus prioridades estaban fuera de orden. "Mientras me concentraba en hacer de mi familia una prioridad nuevamente", él comenta, "mientras trataba de suplir las necesidades de Lena, de Danny y de Sara, comencé a entender que Seth no me necesitaba ahora, porque él está en el cielo. El ya está disfrutando lo que el resto de nosotros disfrutaremos algún día. El ya no está enfermo; él está sano.

"Ahora los que me necesitaban era Danny y Sara. Yo era el único papá que ellos tenían, ellos tenían derecho a mi amor, atención y tiempo. Yo era el único esposo que Lena tenía. Ella también necesitaba saber que era una prioridad en mi vida y yo tenía que esforzarme para asegurarme de que esto sucediese".

Joel Treadaway continúa trabajando como abogado litigante, una carrera que demanda largas y arduas horas de trabajo. Pero Lena dice: "El está ahora emocionalmente disponible para nosotros, cosa que no sucedía en esos largos meses de aislamiento. Cuando él está con nosotros, él realmente está con nosotros.

El matrimonio Treadaway reconoce que mantener sus prioridades en un equilibrio saludable requiere determinación y tiene que ser planeado. Cada dos semanas, Joel y Lena se sientan con su calendario de trabajo y su calendario familiar para organizar próximos eventos y responsabilidades, y resolver posibles conflictos con la mayor anticipación posible.

"Hay una cierta flexibilidad en mi trabajo", dice Joel. Así que siempre que es posible, arreglo mi horario considerando las cosas de la familia que no pueden ser cambiadas, como los partidos deportivos de los niños y los recitales de piano. Y cuando anoto una de las actividades de los niños en mi agenda personal, la trato de la misma forma que trato las reuniones de negocios. Para mí es tan inadmisible faltar a una actividad de la familia como lo es faltar a una cita de negocios".

Los viajes familiares y las salidas se han convertido en una actividad regular para la familia Treadaway. Encuentran que pasar un tiempo juntos, ya sea por una semana o sólo un fin de semana, los ayuda a sentir que la familia es una prioridad.

Joel también recomienda buscar formas de pasar tiempo significativo con la familia mientras se realizan las rutinas diarias. El cita la compra semanal de alimentos como ejemplo. El va al supermercado todos los sábados en la mañana y dice que Danny y Sara siempre discuten sobre de quién es el turno para acompañarlo. "Es increíble sobre todo lo que hablamos mientras hacemos la compra", dice Joel.

Sin embargo otra forma que Joel le prueba a su familia que ellos son una prioridad en su vida, dice Lena, es siendo el que planea y da las ideas de las actividades de la familia. Ya sea un viaje a esquiar a Colorado, o tan sólo un partido de pelota con los niños del vecindario en el patio, él usualmente es el que sugiere la idea y luego se asegura de que se lleve a cabo.

Joel también puso un nuevo énfasis en la comunicación familiar. "Algunas personas tal vez piensen que es algo raro", dice Lena, "pero nosotros hablamos mucho por teléfono. Algunos días él está en el trabajo muchas horas, así que cuando llega a casa, deseamos que pase el mayor tiempo posible con los niños. El es una persona matutina y yo trasnochadora, así que eso se añade al reto de encontrar tiempo para estar solos. Esa es la razón por la que hablamos por teléfono una o dos veces al día, ya sea que esté en la ciudad o no".

Además, Joel y Lena dicen que ellos oran regularmente como familia, como pareja e individualmente. El resultado es un fuerte sentido de sentirse apoyados, de ser importantes el uno para el otro. El hacer de la familia una prioridad en ocasiones requiere compromisos o sacrificios en otras esferas de la vida, como ha descubierto Joel. Por ejemplo, él siempre declina oportunidades y responsabilidades dentro de su propia firma de abogados. El no acepta compromisos de participar en comités internos, explicando que con las demandas de su práctica y su familia, tiene todo lo que puede atender. "Nuestro sueldo es determinado en parte por la extensión de nuestro involucramiento en las actividades de la firma", dice él. "Así que el no participar en algunas cosas me cuesta dinero". Pero evidentemente muchos de los colegas de Joel respetan sus prioridades, porque él continúa teniendo éxito profesionalmente y como socio en la firma.

Para Joel, el restablecimiento de prioridades ha valido la pena. Después de 20 años de matrimonio, él dice: "Lena y yo tenemos una buena relación de nuevo. Ella es mi mejor amiga, y si hay alguien en el mundo con quien yo deseo pasar más tiempo, es con ella".

Lena añade: "Por un tiempo, pensé que nuestro matrimonio había terminado. Pudiera haber terminado. Pero no ha sido así, y hay una intensidad de amor en nuestro matrimonio que no había sentido desde nuestros días de recién casados. Por largo tiempo, después que Joel regresó de Boulder, yo me mantuve esperando a que desapareciese su entusiasmo. Pero ese brillo se ha mantenido desde entonces. Hemos logrado el equilibrio que tanto hemos deseado. Casi podemos tocar la paz".

Evaluación personal

Revise la siguiente lista de declaración en lo que concierne a usted, su esposa y su matrimonio, y califique cada una en una escala del 1 ("Este es un problema serio") al 5 ("Esto no es un problema en absoluto"). Si usted es valiente y realmente desea sugerencias beneficiosas, pídale a su esposa que haga el mismo ejercicio.

	Yo	Mi esposa
• Ambos trabajamos y eso trae tensión a nuestra relación.	_____	_____
• Paso demasiadas horas en el trabajo.	_____	_____
• No tenemos suficiente dinero para pagar todas nuestras cuentas cada mes.	_____	_____
• Acabamos de tener un hijo en los últimos 12 meses.	_____	_____
• Viajo mucho con mi trabajo.	_____	_____
• Mi esposa piensa que yo paso mucho tiempo en mi pasatiempo (golf, taller, etc.).	_____	_____
• Nos mudamos en los últimos 12 meses.	_____	_____
• No estamos de acuerdo sobre a qué iglesia asistir.	_____	_____
• Yo tengo mucha tensión ocasionada por mi trabajo.	_____	_____
• No estamos de acuerdo en cómo disciplinar a nuestros hijos.	_____	_____

- No tenemos suficiente tiempo significativo juntos.   _____ _____

- Yo paso demasiado tiempo mirando la televisión y/o leyendo el periódico.   _____ _____

- Los hijos ya crecieron y se han ido, y parece que nos hemos distanciado.   _____ _____

- La luna de miel se acabó, y el matrimonio es más difícil de lo que pensaba.   _____ _____

Interpretación del resultado:
1. Si alguna respuesta es 1 ó 2, esa área necesita atención.
2. Si usted y su esposa tienen una diferencia de dos, o más puntos en cualquiera de estos asuntos, necesitan discutirlo.

En el grupo

1. ¿Qué lucha con las prioridades usted pudo identificar en la sección de "Mi respuesta" de la sesión anterior? ¿Ha recibido ya alguna respuesta a sus oraciones? Si su respuesta es sí, ¿cuál es?

2. Piense en los cambios grandes que experimentó: nuevo empleo, se mudó a otro lugar, pérdida de un ser querido, etc. ¿Cómo afectó esto su capacidad de mantener las prioridades en orden?

3. Cuando murió el hijo de Joel, él se distanció completamente de Dios y de su esposa. Su amigo Mike le ayudó a "despertar", y a ver la necesidad de volverse a "conectar". Cuando usted pasa por una crisis, ¿quién puede venir en su ayuda? (Si usted no puede nombrar a alguien, el momento de comenzar a edificar tal amistad es

antes de la crisis. Hable de cómo pueden desa[
tipo de relación entre ustedes en el grupo.)

4. ¿Qué lecciones podemos aprender de cómo y cuándo Mike escogió confrontar a su amigo?

5. Lea el Salmo 40:1-3. ¿Cómo captan estos versículos los sentimientos de Joel antes y después que él comenzó a lidiar realmente con la muerte de su hijo?

6. ¿Cuál fue la prueba del nuevo compromiso de Joel con su familia?

7. En una escala del 1/(completamente distanciado) al 10 (muy cercano), ¿cuán emocionalmente unido está usted a su esposa? _____ ¿Cómo lo sabe? ¿Qué respuesta daría ella? (Si usted no es casado, conteste estas preguntas sobre su mejor amigo.)

8. ¿Qué clase de señales tiende a enviar su esposa (o la persona más cercana a usted si no es casado) para darle a entender que las cosas no marchan bien en su relación?

9. Como el doctor James Dobson señaló, la vida se resume en a quién ama y quién lo ama a usted. ¿Qué es (si existe algo) lo que está evitando que sus seres queridos tengan el lugar de prominencia que ellos merecen en su vida? ¿Qué va a hacer al respecto?

Mi respuesta

Por causa de esta sesión lo que tengo que hacer la semana próximaes _____

_____

_____

Versículo para memorizar

"Sino que siguiendo la verdad en amor, crezcamos en todo en aquel que es la cabeza, esto es, Cristo" (Efesios 4:15).

Capítulo 5

Introducción

Un cumplidor de promesas está comprometido a alcanzar más allá de toda barrera denominacional para demostrar el poder de la unidad bíblica. ¡Este aspecto de vivir nuestra fe en nuestro andar cotidiano es una gran promesa!

En lo profundo de cada uno de nosotros hay una inseguridad y egoísmo que clama: "Yo tengo razón, yo soy mejor, y tengo temor de lo que no entiendo". Sólo el poder del Cristo resucitado puede vencer esta tendencia natural.

Uno por uno, los cumplidores de promesas están ganando esta batalla para vencer al enemigo que coloca a un hombre en contra de su hermano. Esa maniobra siniestra de dividir y conquistar nos ha dejado hecho pedazos, llenos de sospechas el uno del otro, y aislados. ¡Pero gloria a Dios todo esto está cambiando!

Usted sentirá ánimo e inspiración al leer lo que Dios está haciendo en la vida de hombres que se han arriesgado a atravesar enormes barreras.

Un cumplidor de promesas procura la unidad de todos los cristianos

Aunque la lealtad denominacional no es lo que solía ser antes en nuestro país, es aún frecuente encontrar en una iglesia que algunas personas son un poco sospechosas de ciertos tipos de creyentes.

Algunas denominaciones inclusive continúan creyendo que ellas son las únicas que tienen la verdad. Ralph Heiss, pastorea una iglesia de una de esas denominaciones, pero Dios lo ha convertido en un "rompedor de barreras".

Ralph trabajó en ventas al menudeo un poco después de los treinta años. El y su esposa Anna tenían dos hijos y una casa en los suburbios. Pero él ahora admite: "Por estar tan expuesto al mundo del espectáculo, entré con facilidad en el uso de las drogas. También me involucré en una relación ilícita. Mi vida personal estaba derrumbándose y yo lo sabía".

Un día, una amiga le contó a Ralph sobre una iglesia que predicaba la Biblia, y a la que sus hijos estaban asistiendo y que quedaba a unos tres kilómetros de la casa de él. Ralph la escuchó por educación, pero después no pudo borrar de su mente lo que ella le había dicho. Así que el domingo en la mañana, poco tiempo después, se levantó y sorprendió a su esposa cuando le sugirió: "Vayamos a visitar esa iglesia. Yo he escuchado algunas cosas buenas sobre ese lugar".

Ralph Heiss entró a una iglesia esa mañana por primera vez desde que había salido de la casa de sus padres 15 años atrás. El había crecido en una iglesia que pertenecía a una denominación grande, pero nunca había escuchado un claro mensaje del evangelio. Aunque sentía que algo le faltaba en la vida, él no pensó encontrar la respuesta en una iglesia.

"Pero Anna y yo entramos en la iglesia", él cuenta, "y el sermón ese día era uno de los mensajes más vehementes sobre el infierno que yo haya oído. Ese hombre gritaba, señalaba con el dedo y espetaba las palabras. Era como un estereotipo sacado de una película. Sin embargo, Dios quebrantó mi corazón. Y cuando ese predicador terminó de hablar sobre el infierno, dijo: 'Nadie tiene que ir allí. No importa lo malo que hayas sido, no importa lo que hayas hecho, tú puedes ser perdonado'.

"El fue directo en ese punto, cosa que era completamente nueva para mí. Yo me había criado con la filosofía de que cuando uno moría, si el bien que ha hecho en la vida sobrepasa el mal, entonces va al cielo. El problema era que a través de los años yo había llegado a la triste conclusión de que nunca podría equilibrar esa balanza. Había hecho tal desastre de mi vida, que no había nada que pudiera hacer para detener mi caída. Así que había tomado la actitud hedonista de que mejor me divertía en esta tierra, porque si hay un infierno en el más allá, de seguro iría a él. No había forma de que yo pudiera ser la persona que deseaba ser. Tampoco había forma de que lograse ser el tipo de hombre bueno y moral que era mi padre, desde hacía mucho tiempo había dejado de esforzarme por lograrlo".

Es por eso que el mensaje de gracia y perdón le sonaba tan bueno a Ralph; quizás demasiado bueno. "Mi problema era que sonaba demasiado fácil", nos cuenta él. "¿Cómo podía ser que alguien que estaba tan mal como yo, orar una oración simple y todo se arreglara? Así que eludí la decisión por un tiempo, luchando con mis dudas, pensando: *¡Suena bueno, pero no puede ser tan simple!*"

Alrededor de tres semanas más tarde, al final de otro servicio, Ralph y Anna caminaron juntos hacia el altar de la iglesia. Y esa misma noche cuando regresaron a su hogar, se arrodillaron junto a la cama, y oraron y lloraron. El gozo de la salvación les sobrecogió.

"Sin que nadie nos dijese que debíamos hacerlo, oramos juntos una oración de dedicación", dice Ralph. "Esa oración cambió nuestras vidas para siempre, porque le dimos al Señor todo lo que poseíamos. Le entregamos nuestra casa, nuestros trabajos, nuestros hijos. Simplemente le dimos nuestras vidas y dijimos: 'Señor, no sabemos la magnitud de esto, pero lo que tú desees de nuestras vidas, te lo entregamos'".

La siguiente semana, Dios llamó a Ralph a predicar. "Yo estaba en una reunión de la iglesia cuenta él, "estábamos cantando, y me sentía sobrecogido por el amor de Dios. No podía dejar de llorar. Simplemente me senté, y era como si algo me dijera una y otra vez, 'La vida no se ha acabado. Haz del resto algo importante; haz algo. Háblales a otras personas'. Y sentí el deseo sobrecogedor de predicar el evangelio".

Algunas personas trataron de disuadir a Ralph. Su pastor le dijo: "Debieras esperar un poco y ver cómo te va como cristiano".

"Yo no deseo esperar", le dijo Ralph. "Yo ya he perdido más de 30 años de mi vida".

Ralph presentó su renuncia en el trabajo. El se quedó a través de la ocupada temporada de la Navidad, pero en enero, se mudó con su familia a otro estado y comenzó las clases en un pequeño instituto bíblico afiliado con su nueva denominación. El recuerda: "Mi casa no se había vendido y no tenía dinero. Pero soy ex combatiente, así que recibiría algún dinero mensual, y Dios fue fiel. Yo trabajaba, mi esposa trabajaba, el dinero del gobierno finalmente llegó, y nos las arreglamos".

Durante su último año de estudios, Ralph recibió una invitación para ser pastor de una pequeña iglesia en el campo. El llevaba tan sólo dos años de ser salvo, y ahora estaba pastoreando. El no sabía por qué la iglesia deseaba que él fuese su pastor, pero pensó que sería porque no podían conseguir a nadie más para el trabajo.

Ralph Heiss era un pastor nuevo y entusiasta que creía que todos necesitaban escuchar el evangelio. Setenta y cinco personas aceptaron a Jesús como Señor en el primer año de su pastorado. El bautisterio de la iglesia no había tenido agua durante tres años, pero Ralph bautizó a 50 personas ese primer año, y la congregación se triplicó de tamaño.

Como resultado de ese avivamiento, muchos visitantes de diferentes trasfondos religiosos comenzaron a asistir regularmente a la iglesia. Una mujer joven de otra denominación y creencias teológicas deseó unirse a la iglesia. Ralph expresó alguna preocupación sobre sus diferencias de creencias. Ella reconoció esas diferencias pero le aseguró: "Yo nunca lo heriría pastor. Usted es un hombre de Dios, y yo he visto la mano de Dios aquí en su ministerio".

La mujer era un líder tan fervorosa, sin embargo, que cuando ella se unió a la iglesia, muchas personas fueron atraídas a ella. Sin Ralph saberlo, ella comenzó estudios bíblicos en su casa. Una docena o más de nuevos convertidos se reunían cada semana para ser enseñados por una mujer que ella invitaba de otra ciudad. En poco tiempo, algunos de los miembros de ese grupo estaban juzgando a Ralph por no enseñar las mismas ideas que estaban aprendiendo en el estudio bíblico.

Finalmente, todo ese grupo y algunas otras personas abandonaron la iglesia, hiriendo y enojando a Ralph, quien nos dice: "Yo no tenía mucha experiencia en el ministerio, y esta controversia casi me destruye a mí, a mi ministerio y a mi familia".

Algunos de los miembros que se quedaron pusieron en duda la posición de su pastor. Ellos eran de la opinión de que él debió haber sido más flexible con los que se fueron. Otros miembros antiguos, para los cuales éste era el primer conflicto serio que pudieran recordar en la iglesia, deseaban poder regresar al pasado: "Este lugar era mejor cuando sólo éramos un grupito, antes que todas estas personas nuevas comenzaran a venir. Después de todo ésta es nuestra iglesia".

Los meses pasaron y aumentó el desánimo de Ralph quien comenzó a pensar que el Señor debía tener otro lugar donde él pudiera servir. Así que sin ninguna otra perspectiva, él presentó su renuncia. Según recuerda Ralph: "La noche que renuncié, regresé a casa y pensé en lo que había hecho. Estaba acostado en la cama junto a mi esposa, y de pronto comencé a llorar. Anna me preguntó: '¿Qué te sucede?', y yo le respondí: 'Querida, tenemos 30 días aquí, y luego no tendremos un techo sobre nuestras cabezas'. Me sentí derrotado".

Esa experiencia afirmó todo lo que los demás pensaban en la denominación de Ralph sobre el asociarse con otras personas o iglesias de diferentes trasfondos espirituales. Tal parecía validar todas las advertencias que había escuchado en el instituto bíblico. El había tratado de ser tolerante, sólo para sentirse que había sido herido por su franqueza y tolerancia.

> **Ralph rutinariamente declinaba todas esas invitaciones porque él decía: "Ellos no tienen las mismas creencias que nosotros".**

Al principio de esa experiencia, Ralph y Anna decidieron mudarse de regreso a su estado natal de Ohio y comenzar una iglesia en la ciudad. Probó ser un trabajo que les impuso grandes demandas. El tomó un trabajo para ayudar a sostener a su familia, reunió algunos fondos iniciales de otras congregaciones en su denominación, rentó un salón en la parte de atrás de otra iglesia, imprimió algunos folletos y comenzó tocando a las puertas de su nuevo vecindario.

La iglesia creció despacio pero el crecimiento era constante. Pasaron un par de años, y la pequeña congregación compró una casa grande del vecindario para reunirse. Pocos años más tarde, la iglesia edificó un edificio nuevo en un vecindario racialmente mixto. Ralph ahora pastorea una iglesia integrada por diferentes razas, cuya asistencia es de alrededor de 150 personas.

Poco tiempo después de que Ralph comenzara su iglesia, un grupo de pastores del área de diferentes denominaciones, se acercaron para invitarle a que se uniera al grupo de confraternidad de clérigos evangélicos de la ciudad. Ellos se reunían todos los meses para animarse el uno al otro, y trabajar juntos ocasionalmente en un esfuerzo cooperativo como cruzadas locales. Ralph rutinariamente declinaba todas las invitaciones porque decía: "Ellos no tienen las mismas creencias que nosotros. Yo presentaba excusas, sin embargo lo que realmente quería decirles es: 'Déjenme tranquilo'".

De acuerdo a Ralph, esto era parte de lo que él llamaba una fuerte actitud mental de exclusivismo entre los pastores de su denominación. Ese modo de pensar incluía, entre otras cosas "una autoridad pastoral absoluta, unas normas muy estrictas en el largo del cabello y del vestido, y una selección muy estrecha en cuanto a la música que se aceptaba. Esto era lo que creía mi denominación".

Cuando surgió el tema de uno de esos grupos de pastores evangélicos, uno de los colegas de la denominación de Ralph le dijo: "Yo ni siquiera deseo conocerlos, porque puede que me caigan bien. Entonces puede que tenga que tomar algunas decisiones que no deseo tomar".

La realidad era que mientras Ralph siguiera lo que él llamaba "esa actitud aisladora de que yo estoy en lo correcto y todos los demás en el mundo equivocados", él personalmente no estaba creyendo ni predicando "las creencias de su denominación". Por causa de este trasfondo y de la naturaleza de su ministerio en el centro de la ciudad, él era más tolerante en cuanto a la apariencia y el vestuario que la mayoría de sus colegas. Ralph había sido testigo de algunos abusos de la autoridad pastoral que le causaban preocupación. El era mucho más abierto en su pensamiento en cuanto a la música. Algunos de sus compañeros en el pastorado prohibían toda cinta de acompañamiento para los que cantaban en sus iglesias, porque ellos consideraban que cualquier música con cierto ritmo no era apropiada para sus iglesias. Y en lo que quizás fuese la diferencia más radical en cuanto a las enseñanzas de su denominación, Ralph no requería que todo el mundo transfiriera su membresía de otra denominación para ser bautizado de nuevo en su iglesia.

Sin embargo, Ralph no hizo nada para anunciar su salida de los parámetros de la denominación. "De hecho", Ralph dice, "en ocasiones me sentía como si estuviese viviendo dos vidas. Yo seguía mis propias convicciones con mi congregación, pero cuando me reunía con mis compañeros pastores en las reuniones denominacionales, tenía mucho cuidado de no decir o hacer nada que me delatase. Yo les seguía la corriente porque ése era el único grupo que yo conocía, las personas que me aceptaron, y yo dependía de esa aceptación.

"Mis colegas denominacionales eran como mi familia. Usando una analogía, el ir en contra de los valores aceptados me hacía sentir como un miembro de la familia que se va de la casa, se enamora, se casa con alguien de otro trasfondo, y luego no quiere que se sepa de ese amor, por temor a lo que la familia pudiera pensar. Aunque yo no estaba de acuerdo con ellos en todo, yo les amaba y deseaba que ellos me amasen. Así que aunque en ocasiones había cosas que yo sentía que debía hacer o decir, no lo hacía porque me hubiera puesto en evidencia".

Por causa de la actitud que su denominación tenía hacia los otros grupos de cristianos, Ralph indirectamente escuchó sobre los Cumplidores de Promesas. Bernie, un miembro activo de una congregación cercana, de la misma denominación de Ralph, escuchó sobre la conferencia de Boulder y decidió que deseaba reclutar a otros miembros de su iglesia para que le acompañasen. Pero el pastor de Bernie le dijo: "No es de nuestra denominación. No estamos interesados".

Bernie asistió a la conferencia, y cuando regresó, no podía contar lo suficiente sobre su experiencia. Su pastor le dijo que él no deseaba escuchar nada al respecto, y que por causa de la "desobediencia" de Bernie, en ese momento le quitaba todos sus cargos de líder en la iglesia, y le sugería que buscara otra congregación. El pastor le recomendó la iglesia de Ralph, pero luego llamó a Ralph para advertirle de que no le diera a Bernie ninguna responsabilidad de liderazgo.

Sin embargo, Ralph estaba tan impresionado con el compromiso espiritual de Bernie, que muy pronto descartó el consejo de su compañero pastor. Y cuando Bernie quiso ir a escuchar a un evangelista y cantante, que él había escuchado a través de los Cumplidores de Promesas, Ralph le acompañó.

Según Ralph nos cuenta: "Ese músico era conocido en todo el país, y era un predicador y cantante realmente dinámico, un tremendo hermano de la raza negra. Me quedé tan impresionado que le ayudé a entrar en los colegios públicos para que hablara a los estudiantes del peligro de las drogas. Hablamos mucho, y él me presentó un reto. Me dijo: 'Pastor Heiss, creo que si usted lleva a 10 hombres de su congregación a una conferencia de los Cumplidores de Promesas, su iglesia nunca será igual'".

Con esas palabras de ánimo, Ralph decidió averiguar qué era en realidad el grupo de los Cumplidores de Promesas. Envió a pedir un videocasete del mensaje que E. V. Hill predicó en la conferencia de Boulder, Colorado.

¿Su reacción? "Fue un mensaje fantástico. Mostré el video en nuestra iglesia para entusiasmarlos en cuanto a los Cumplidores de Promesas, y doce hombres firmaron para acompañarle a la conferencia en Indianápolis en junio de l994".

Bernie le dijo lo que podía esperar de dicha conferencia. Así que Ralph fue a Indianápolis anticipando un tremendo grupo de oradores que iban a tener un poderoso impacto en los 12 hombres de su iglesia. Lo que nunca esperó fue el impacto que esa experiencia tuvo en *él*.

Comenzó durante un himno. Sesenta mil hombres de pie en el estadio, cantando "Santo, Santo, Santo". "Había todo tipo de hombres", nos dice Ralph, "de tantos trasfondos religiosos diferentes, con todo tipo de expresiones; algunos con las manos alzadas y mirando hacia el cielo, otros con los ojos cerrados y las cabezas inclinadas, y comprendí: *Cada uno de nosotros en nuestra forma particular está presentando su corazón a Dios. No estamos haciendo nada pecaminoso aquí. Estamos haciendo algo maravilloso y hermoso*".

Más tarde a la hora de comer, esos 60.000 hombres abandonaron el estadio y se dirigieron hacia las calles del centro de Indianápolis. La enorme fila de hombres que esperaban el almuerzo llenó el túnel, por donde pasa la calle bajo las líneas del tren, que termina en *Union Station* que está al lado. En algún lugar en ese inmenso mar humano, alguien comenzó a cantar. En pocos momentos, hubo un servicio de cantos espontáneo, con miles de voces masculinas haciendo eco a través del túnel.

> **Ralph fue a la conferencia de los Cumplidores de Promesas, anticipando un poderoso impacto en los 12 hombres de su iglesia. Lo que nunca esperó fue el impacto que esa experiencia tuvo en él.**

"En realidad fue una de las cosas más hermosas que he visto u oído", recuerda Ralph. "Y no podía dejar de pensar: *Así será en el cielo. Habrá un gran número de personas que nunca se conocieron, las cuales tienen diferentes doctrinas, diferentes colores de piel y diferentes preferencias, todas concentradas en Jesús*".

Ralph quedó muy impresionado de que en esa enorme multitud de hombres desconocidos, nadie empujaba ni se impacientaba. Todos estaban muy entusiasmados de estar allí, y actuaban con mucha cortesía.

"Luego había un puñado de personas a la salida protestando con letreros que decían 'Jesús no es Dios' y todo tipo de dichos ofensivos", cuenta él. "Particularmente recuerdo a un muchacho que usaba un broche que decía 'Un ex fundamentalista adentro'. Sospecho que si las cosas hubieran sido al revés, si 60.000 ateos hubiesen salido del estadio para encontrar 8 ó 10 personas protestando, alguien hubiera muerto ese día. En cambio, los cumplidores de promesas les entregaron tratados a los que protestaban, les dijeron que los amaban, les invitaron a que entrasen, y les cantaron. Yo pienso que esa actitud desconcertó a los que protestaban. Evidentemente no pudieron lidiar con esto, porque se perdieron de vista".

Cuando la conferencia comenzó de nuevo, Ralph de momento se dio cuenta de que él había estado equivocado en su forma de tratar a otros cristianos. "Y supe, sin ninguna duda", nos cuenta, "que lo primero que debía hacer cuando regresara era el ir al grupo de pastores evangélicos que había estado desairando por 15 años y pedirles disculpas por mi actitud intolerante".

Cuando regresó a su hogar, Ralph descubrió que la próxima reunión del grupo de pastores iba a tener lugar en menos de una semana. Así que después de 15 años de estar despreciando las invitaciones, Ralph asistió por primera vez al almuerzo. Sólo había un par de hombres que reconoció. Pero antes de comenzar la reunión, Ralph buscó al presidente del grupo, se presentó y le dijo: "Puede que ésta le parezca una petición extraña. No soy miembro de esta organización, y realmente no tengo derecho a que se me escuche, sin embargo creo que Dios me dijo que viniese a disculparme a este grupo. Si usted me concede un minuto, me gustaría hacerlo. No voy a decir nada que hiera o avergüence a nadie; simplemente siento que Dios quiere que arregle este asunto".

Así que después del almuerzo el hombre le ofreció a Ralph la palabra. Se acercó al púlpito, le dijo al grupo quién era, qué iglesia pastoreaba, y simplemente añadió: "Muchos de ustedes ni siquiera saben quién soy, pero acabo de regresar de la reunión de los Cumplidores de Promesas que hubo en Indianápolis, y el Señor ha tratado conmigo sobre mi actitud hacia todos ustedes. Yo he estado equivocado; tan sólo deseo pedirles que por favor, me perdonen. Yo deseo mejorar".

Ralph dijo: "Cuando regresé a mi asiento, parecía que el grupo estaba conmovido. Supongo que lo que dije hizo un impacto, porque en los siguientes meses, varios pastores se me han acercado y me han dicho: '¡Asombroso! Yo estaba en esa reunión cuando se disculpó al grupo. ¡Eso fue algo especial!' Pero yo no me disculpé para hacer ningún tipo de impresión. Lo hice porque cuando uno le dice a Dios que va a hacer algo, tiene que hacerlo. Simplemente estuve agradecido por la oportunidad".

Algunos meses más tarde, el grupo de pastores se reunió para discutir la posibilidad de celebrar una conferencia de los Cumplidores de Promesas en el área. En vez del grupo usual de 25 a 30 asistentes, se presentaron 150. Le pidieron a Ralph que hablara brevemente sobre los Cumplidores de Promesas. Ralph le dijo al grupo a qué denominación pertenecía y enseguida añadió: "La mayoría de ustedes saben lo que eso significa. Quiere decir que yo estoy en lo correcto y ustedes están equivocados. Pero asistí a los Cumplidores de Promesas este verano pasado y comprendí que la actitud que había tenido durante todo mi ministerio hacia los demás cristianos había estado equivocada. Los Cumplidores de Promesas me han enseñado que todos ustedes son mis hermanos. Finalmente puedo decir que les amo. Deseo trabajar con ustedes y debemos traer a los Cumplidores de Promesas a nuestra ciudad porque otras personas necesitan tener la experiencia de lo que está sucediendo a través de este movimiento de Dios".

Eso fue todo lo que dijo Ralph, pero la ramificación de ese pequeño testimonio aún está dando frutos. Unas semanas más tarde, Ralph aceptó una invitación a un almuerzo para organizar y discutir los planes para un alcance evangelístico que iba a distribuir videos de la película titulada "Jesús" en cada casa en el distrito.

"Nuestro distrito es grande, así que vamos a necesitar mucha cooperación", dijo Ralph. "Pero es tan emocionante. ¡Y pensar que antes nunca hubiera soñado en involucrarme, porque esto era muy inclusivo! Yo hubiera sentido mucho miedo de ser visto con esas personas. Pero ahora estoy comprometido a cruzar las líneas que dividen a los creyentes. Creo firmemente que podemos encontrar las bases para un verdadero compañerismo a través de nuestra salvación por medio de Jesucristo".

Sin embargo, Ralph está comenzando a entender lo que puede costarle su cambio de actitud. Algunos de los pastores dentro de su denominación están enterados de sus actividades. "Hace poco hablé con uno de mis antiguos colegas acerca de ir con él a una de las reuniones denominacionales", dijo Ralph. "Me respondió que me llamaría de nuevo para hacer planes, pero nunca lo hizo. Y acabo de enterarme que otra de nuestras iglesias está planeando una gran celebración por su veinticinco aniversario de haberse fundado , y yo soy el único pastor local de nuestra denominación que no ha sido invitado a participar.

"Tengo que admitir que eso me duele. Hay tanto potencial en nuestra denominación, tantas cosas buenas que Dios ya ha hecho a través de ella. Tengo que regresar a la analogía familiar y confesar que extraño desesperadamente el amor y la aprobación de mi familia denominacional".

Sin embargo, Ralph siente paz en cuanto quién es él y en cuanto a sus convicciones. "El hacer algo menos o diferente sería serle infiel a Dios", nos asegura. "Sin embargo, no deseo dar la impresión de mártir. Y ciertamente no soy perfecto; cometo bastantes errores, y hago muchas cosas tontas. Pero ésta es una esfera de mi ministerio donde sé que Dios me ha dicho lo que El desea que yo haga".

"Básicamente no he cambiado mis creencias", continúa él. Así que no estoy de acuerdo con todo lo que mis nuevos hermanos evangélicos creen. Pero creo que podemos estar de acuerdo en los puntos esenciales y aceptar las diferencias de cada uno en lo que no es esencial. No creo que podamos entender todas las cosas hasta que lleguemos al cielo. En ese momento, no nos va a importar porque todo será puesto en orden. Allí habrá un Señor y una doctrina y no existirán las denominaciones, y será bueno. Mientras tanto, yo veo a los Cumplidores de Promesas como un ensayo de lo que haremos en el cielo, preparándonos para llevarnos bien por toda la eternidad.

Hay tan poco que nos separa, tanto que debiera unirnos, y tanto trabajo que hacer".

Evaluación personal

¿Qué tipo de denominación o de cristianos ha tendido a menospreciar en el pasado? ¿Por qué?

En el grupo

1. Basándonos en la discusión de las dos sesiones anteriores, ¿qué cambios ha realizado en cuanto a sus prioridades? ¿Qué cambios necesita aún hacer?

2. Cuando miles de hombres van a la conferencia de los Cumplidores de Promesas, ellos parecen adorar y aprender juntos sin preocuparse de a qué denominaciones pertenecen. ¿Por qué es eso? ¿Cómo puede esa dinámica ser transferida a la comunidad local?

3. ¿Es posible que los cristianos tengan diferentes puntos de vista en ciertos temas, como los dones espirituales o los estilos de música aceptable, y aún así llevarse bien dentro de la misma iglesia? ¿Por qué sí o por qué no?

4. ¿Qué cree que quiso decir Jesús en Juan 17 cuando oró por unidad entre sus seguidores? ¿Cuál es la diferencia entre la unidad bíblica y la uniformidad?

5. Cómo podemos aplicar prácticamente Juan 13:34-35 al asunto de llevarse bien entre hermanos cristianos?

6. Por regla general, los asuntos que dividen a los cristianos, ¿son creados por el hombre o dirigidos por Dios? Explique sus razones. ¿Sobre qué creencia central debiéramos reunirnos?

7. ¿Qué pasos bíblicos y prácticos pudiera usted dar como individuo para comenzar a romper algunas barreras denominacionales? ¿Como grupo pequeño? ¿Como iglesia?

Mi respuesta

Un individuo o grupo al que creo que Dios pudiera desear que me acercara cruzando la barrera denominacional es _____

_____

El primer paso que puedo dar en el futuro próximo es _____

_____

Versículo para memorizar

"Yo en ellos, y tú en mí, para que sean perfectos en unidad, para que el mundo conozca que tú me enviaste, y que los has amado a ellos como también a mí me has amado" (Juan 17:23).

Capítulo 6

Introducción

Así como los Cumplidores de Promesas se han comprometido a romper barreras denominacionales entre los hombres cristianos y al mismo tiempo celebrar su rica herencia denominacional, también se han dedicado a promover la reconciliación entre los hombres cristianos de todo trasfondo étnico y cultural. ¿Pero cómo sucede esto? ¿Cómo podremos ir de las buenas intenciones a las acciones que honren a Dios?

David, Fred y Jim son tres hombres de alrededor de treinta años. Uno es de piel negra, y los otros dos son blancos. Los tres son cristianos consagrados, y de la forma en que sus vidas se han entretejido nos da un ejemplo de cómo la reconciliación puede pasar de lo retórico a la realidad.

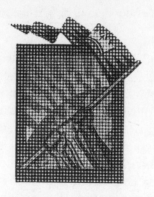

Un cumplidor de promesas procura la reconciliación racial

David Tibbet nació en 1956 y creció en el centro de la ciudad de Detroit. "Mi padre me enseñó sobre la integridad y a desenvolverme en el mundo", nos contó David. "Mi madre me enseñó a amar y a cuidar de las personas".

David no recuerda la primera vez que él conscientemente consideró el color de su piel negra. El sí recuerda estar mirando la televisión cuando niño, y preguntarse: *¿Por qué son todas las personas negras tan obscuras?* A la edad de seis años, tuvo una pelea por haber llamado *negro* a uno de sus mejores amigos, porque la piel del muchacho era más obscura que la de él.

"Yo no tenía mucho contacto personal con gente de otra raza o trasfondo étnico", recuerda David. "A mi padre le gustaba el boxeo. Así que él y sus amigos comparaban a diferentes luchadores como Sugar Ray Robinson y Rocky Marciano. Ellos hablaban de los boxeadores irlandeses y decían que eran lentos, y que los hispanos tenían las quijadas de concreto, así que los tenías que atacar con dureza y aún así era difícil vencerlos. Yo sabía sin que nadie me lo tuviese que decir que esas personas eran diferentes a mí".

El padre de David manejaba un camión para la municipalidad de la ciudad de Detroit. Todos los hombres en su grupo eran negros. Los conductores de camiones que eran blancos trabajaban con un grupo blanco. Y la mayoría de ellos ya se habían ido para cuando el papá de David regresaba al garaje en la noche. "Aun a los seis o siete años yo pensé que eso era algo un poco raro", nos cuenta David.

El experimentar las revueltas raciales de 1967 y ver los tanques de la Guardia Nacional transitando por la calle frente a su casa, acentuó las diferencias raciales de una forma nueva para David, que a la sazón tenía 11 años de edad. También experimentó estas diferencias el año entrante cuando asistió a un programa académico de seis semanas de duración durante el verano, llamado *Horizons Upward Bound*, que se ofreció en la sede de un colegio privado de pupilos, en un exclusivo suburbio de la ciudad. David y los otros muchachos de color que estaban en el programa entendieron rápidamente las áreas límites donde no podían aventurarse con comodidad. Si ellos caminaban por los alrededores del colegio, invariablemente alguna persona blanca se les acercaba y les preguntaba: ¿Qué están haciendo ustedes aquí?" Los dueños de los negocios notaban y los vigilaban cuando entraban a uno de sus establecimientos.

"Nadie me llamó nombres feos", dice David, "era algo más sutil que eso. Yo recibí claramente el mensaje de que no pertenecía a ese lugar".

No todo su contacto con personas blancas fue negativo. El fue seleccionado como el estudiante que representase a *Upward Bound* para asistir a una cena especial en la casa de uno de los auspiciadores del programa que vivía en un barrio alto. "Las personas fueron muy amables y la cena elegante", recuerda David. "Esa fue la primera y única vez que comí venado". También estaba la pareja blanca del área suburbana, que ayudó a la familia Tibbet cuando ésta estaba pasando problemas financieros, en los primeros años de su adolescencia. "Ellos nos enviaron dinero todos los meses por espacio de un par de años, para yudar a comprar mi ropa y los materiales que necesitaban para el colegio", cuenta él. "También visité su casa en una ocasión durante el segundo año".

Aun sus experiencias positivas parecían acentuar las diferencias entre las experiencias de David como persona de la raza negra, y el amplio mundo de los blancos.

Pero aún sus experiencias positivas parecían acentuar las diferencias entre las experiencias de David como persona de la raza negra, y el amplio mundo de los blancos. "La mayor diferencia parecía ser la económica", nos dice él.

Para ayudar a sostener a su familia, David trabajó tiempo completo en la noche durante los últimos años de escuela superior. A través de esos años difíciles, él nunca dejó su sueño de convertirse en arquitecto. Pero cuando sus notas bajaron durante el primer semestre antes que él aprendiese a equilibrar su trabajo y sus estudios, la asesora blanca del colegio que lo preparaba para entrar a la universidad, lo persuadió de que no mandara su aplicación a la facultad de arquitectura estatal. En su lugar, ella le aconsejó que mandara su aplicación a una universidad local que tenía menos demandas. "Hablando con otras amistades, supe más tarde, que ella también había animado a muchos otros estudiantes de color a bajar sus metas académicas", nos cuenta David. Tal vez eso fuese racismo consciente, o simplemente fue un mal consejo, pero esa persona no aplicaba la misma técnica con los estudiantes blancos. Finalmente su consejo le costó a David dos años de atraso en la búsqueda de su sueño.

Durante los años de estudio en la facultad de arquitectura, David recuerda haber participado en actividades, y aún desarrollado amistad con estudiantes de varios trasfondos étnicos. Pero por lo general, él hizo lo que hacían los demás, orientar sus actividades hacia los compañeros de su misma raza. Y el prejuicio que él encontró fue usualmente sutil y sin palabras. Una excepción digna de recordar sucedió durante su tiempo en la facultad de arquitectura, cuando David consiguió una beca que le permitía enseñar, y luego tuvo otro trabajo haciendo dibujos arquitectónicos en la oficina de diseño de uno de sus profesores. "El era un caballero mayor, bondadoso, y yo disfruté trabajar con él", David recuerda. "Uno de los proyectos en el que le ayudé fue la expansión y remodelación de un restaurante popular. Un día, después que el trabajo se hubo terminado, él me preguntó si me gustaría ir con él en el automóvil a ver el proyecto terminado. Tuvimos una agradable conversación durante el camino, pero cuando llegamos al restaurante y salimos del vehículo, él me dijo que el dueño era una persona llena de perjuicios. El me preguntó si yo estaría dispuesto a esperar afuera y solamente mirar a través de la ventana hacia el interior. Yo me quedé tan sorprendido que simplemente le dije: 'Claro que sí'. El entró y habló con el dueño por unos minutos y salió, y regresamos a casa".

> *Evaluación personal:* **¿Cómo se hubiera sentido usted si se hubiese quedado afuera del restaurante que había ayudado a diseñar? ¿Qué hubiera sucedido si el profesor hubiera entrado con David y lo hubiera presentado al dueño con honor, como un colega del proyecto?**

"En esa época", continúa David, "yo resentí con enojo la actitud del dueño. Pero a medida que pasaron los años y recuerdo esa experiencia, me volví más y más decepcionado con mi profesor. Yo pensaba que él me respetaba y apreciaba.

Pero en realidad o él no fue sensible para anticipar lo ofensivo de la experiencia, o no le importó lo suficiente como para enfrentar junto a mí la actitud errónea de su cliente. De todas formas, me hizo preguntarme sobre dónde podría esperar encontrar prejuicios, tan pronto como terminara mis estudios y buscara trabajo en alguna corporación".

Ese tipo de experiencia entre las diferencias económicas de la mayoría de las personas negras y la blancas no parece haber amargado a David, tan sólo lo volvió cínico. También le hizo dudar de la veracidad de lo que decían las personas sobre el amor de Dios.

David había comenzado a salir con una muchacha llamada Connie durante los años que pasó en la facultad. Después que ambos se graduaron, él le ofreció matrimonio, pero ella le dijo que no, porque él no era cristiano en ese entonces, y ella opinaba que no debía unirse en "yugo desigual". "Un momento, querida", le respondió él. "Nosotros no somos bueyes, ¿sabes?"

David había escuchado el evangelio toda su vida, pero creer como para basar su vida en él no era fácil. El se preguntaba: "Si Dios es un Dios tan amoroso, ¿Por qué tiene a las personas negras con tan pocos derechos civiles en los Estados Unidos? ¿Por qué es tan difícil la vida para nosotros?"

Entonces, un día, cuando David y el cuñado de Connie estaban corriendo juntos, David recuerda: "El me ayudó a comprender que la vida cristiana es una relación de uno a uno, no un ejercicio de grupo. Aún puedo recordar el lugar exacto en la carretera donde nos detuvimos, él citó Juan 3:16, y finalmente comprendí y acepté a Cristo".

Pero a medida que David comenzaba a crecer en la fe, aún luchaba con la existencia del racismo y la desigualdad económica entre los negros y los blancos; inclusive entre las iglesias negras y blancas. Le tomó tiempo llegar al punto de realmente creer que Dios está en control. "Me molestaba particularmente aceptar que en nuestra cultura, el domingo en la mañana desde las 11:00 hasta las 12:00 es una de las horas de más segregación racial, o quizás la más segregada de la semana".

Sin embargo, en años recientes, David ha comenzado a encontrar esperanza en la unidad cristiana entre los hermanos de diferentes razas. Esto también ha ocurrido a nivel personal.

Cuando él tomó un empleo, hace seis años, en la compañía para la que actualmente trabaja en Dallas, Texas, a David se le asignó una oficina contigua a la de un arquitecto llamado Mark Turkington. Al segundo o tercer día, los dos hombres se dieron cuenta de que ambos eran cristianos y gradualmente comenzaron a compartir detalles sobre sus familias y antecedentes. Uno se había criado en el centro de la ciudad de Detroit y el otro había crecido en una finca en Nebraska. Sin embargo estos dos hermanos en Cristo, rápidamente se hicieron amigos. "En estos momentos, Mark y yo somos compañeros y nos rendimos cuentas el uno al otro", nos dice David. "Almorzamos juntos una vez por semana para hacernos algunas preguntas formales: *¿Qué está sucediendo en tu relación con Dios? ¿Qué te ha enseñado Dios en esta última semana? ¿Cómo estás en cuanto a amar a tu esposa? ¿Cómo te estás desenvolviendo como padre? ¿Estás manteniendo un corazón puro?* Y la última pregunta que nos formulamos es: *¿Has sido completamente honesto al contestarme estas preguntas?*

"Hemos aprendido a amarnos y confiar el uno en el otro lo suficiente como para ser completamente francos. Oramos juntos y el uno por el otro. Compartimos nuestros secretos y sentimientos más profundos. Mark es uno de mis dos mejores amigos. Hemos tenido algunas diferencias que hemos tenido que arreglar, como sucede en cualquier relación. Pero nuestras diferencias raciales son meramente un hecho de la vida, no un estorbo a nuestra amistad. Yo he podido avanzar bastante desde el momento en que casi rechacé al cristianismo por causa de las diferencias raciales que veía en el mundo".

Nuestras diferencias raciales son meramente un hecho de la vida, no un estorbo a nuestra amistad.

David también reconoce cómo su experiencia como persona de color le ha preparado para ser padre de tres hijos, especialmente de su hijo menor, que tiene el síndrome de Down. "Pienso que al permitírseme ver y experimentar la injusticia de primera mano, Dios me ha capacitado en forma especial para ser padre de un hijo que el mundo siempre verá y tratará como alguien diferente".

Fred VanderMay creció en una finca en el oeste de Texas, con lo que él cataloga como "una herencia de prejuicios que viene de muchas generaciones atrás en mi familia, prejuicios en contra de los hispanos y los negros".

El recuerda a su madre y abuelos que con frecuencia contrataban a mujeres de descendencia mexicana para ayudar en los quehaceres domésticos, porque "siempre puedes conseguir a una mexicana que lo haga más barato".

La primera vez que él reconoció a conciencia las diferencias raciales fue en el segundo grado, cuando hizo amistad en el colegio con un niño negro llamado Sam. Ellos eran inseparables, siempre jugaban juntos durante los recreos, y se sentaban juntos en la clase. Una noche, mientras estaban cenando, surgió el tema de las amistades, y Fred anunció: "Sammy es mi mejor amigo".

El recuerda la reacción de sus padres: "Ellos no dijeron nada, pero yo noté la forma en que se miraron, un poco alarmados y avergonzados".

Más tarde esa misma noche, cuando Fred se dirigía a acostarse, su madre lo apartó de sus hermanos y le dijo: "Estoy segura de que Sammy ha sido un buen amigo para ti. Pero necesitas buscar otros amigos. Posiblemente él debiera ser amigo de otro niño en el futuro". Fred dijo: "No fueron tanto sus palabras como su actitud que me decía: *El no es lo suficientemente bueno para ti; él es diferente.* Yo supe exactamente lo que ella me quiso decir".

Al siguiente día Fred comenzó a hacer nuevas amistades y simplemente desairó a Sammy. El no pudo evitar notar la mirada de confusión y de dolor en el rostro de Sammy. "Yo me sentí destrozado por dentro", él nos dijo. "Pero me dije a mí mismo: *Se supone que yo no sea su amigo. El no es lo suficientemente bueno para mí*". Desde ese momento en adelante los dos niños se separaron.

Evaluación personal: **En una escala del 1 (virtualmente nada) al 10 (mucho), ¿cuánto racismo piensa usted que guarda en su corazón? ¿En qué basa esa conclusión? ¿Qué puede hacer para que su puntuación se acerque más al 1?**

No había muchos negros donde se crió Fred. El objeto más frecuente de racismo eran los hispanos. "El término 'chicano cochino' era de uso frecuente en el vocabulario del oeste de Texas", admite Fred. "Y siempre se les llamaba 'chicanos' en vez de 'mexicanos'".

La mayoría de los estudiantes en la escuela superior de Fred eran de descendencia hispana. Sin embargo, él cuenta que nunca se consideró a sí mismo como una minoría: "Después de todo, yo era blanco". El conocía y se llevaba bien con muchos muchachos hispanos en el colegio. Competía con ellos en los deportes, tocaban en la misma banda, pertenecían a la misma sociedad de honores, y trabajaban juntos en el concilio estudiantil. Pero esas relaciones siempre parecían comenzar y terminar en el colegio.

Una excepción sucedió un día cuando un grupo de amigos con los que Fred pasaba tiempo fueron caminando a su casa para almorzar. El los invitó a última hora sin detenerse a considerar que uno de los muchachos era hispano. "Recuerdo haberme sentido incómodo todo el tiempo que estuvo en mi casa", dijo Fred. El continuó siendo amigo de ese muchacho y de otros hispanos en el colegio. Pero la experiencia reforzó la lección en su mente: "Claramente era más cómodo relacionarse con personas de la propia raza. Yo nunca pensé que eso era un asunto de prejuicio sino un asunto de sentido común. Era la forma en que las cosas debían ser".

Ciertamente, Fred no se consideraba intolerante. Inclusive él salió con una muchacha hispana durante su época universitaria, aunque nunca pudo olvidar sus diferencias étnicas, al menos por largo tiempo. Primero fue la falta de aprobación de sus padres: "Confiamos que no tomes esta relación demasiado en serio. Seguramente encontrarás otra novia pronto".

La muchacha también le recordaba continuamente sus diferencias. Cuando discutían o ella se enojaba por algo, le decía cosas como: "Tú eres demasiado bueno para eso, eres un muchacho blanco", o: "Tú no entenderías porque vives en el otro lado de la ciudad".

"Yo vi en su amargura, por primer vez, el profundo dolor causado por las divisiones raciales y étnicas", dice Fred.

En muchas formas, Fred dejó sus raíces y amplió sus perspectivas durante sus años universitarios. Sus estudios y su amistad con otros estudiantes de muchas razas diferentes mientras asistía a la facultad de medicina, le habían dado un punto de vista más amplio sobre las diferencias raciales. Fred era un creyente consagrado, y reconoció como pecado el tipo de intolerancia que veía en su familia. El no se consideraba ya a sí mismo como una persona prejuiciada, si es que lo había sido antes.

Sin embargo, cuando fue a la conferencia de los Cumplidores de Promesas en el año de 1993 en Boulder, Colorado, Fred recibió convicción al escuchar al orador hablar sobre la necesidad que tienen los hombres cristianos de derrumbar las barreras raciales que dividen a los Estados Unidos. El se dio cuenta de que aunque pensaba que estaba libre de la evidente intolerancia que había sido parte de su trasfondo cultural, muchas barreras quedaban aún. Al menos en parte, eso era porque él en realidad no sabía tratar de forma significativa con alguien de otra raza.

Respondiendo al reto, cuando Fred regresó a su casa en Dallas, organizó un grupo de Cumplidores de Promesas de cinco hombres que incluía a dos negros. "Si yo iba a derrumbar las barreras raciales en mi vida dice él, "sabía que necesitaría comprender la cultura de esos dos hombres, su dolor y su amor por Cristo".

Uno de esos dos hombres hizo un impacto inmediato en Fred. "Recuerdo la primera vez que nos reunimos y escuché hablar a Ernest", Fred continúa. "El comenzó moviendo la cabeza y diciendo" 'Oh, si mi padre pudiera verme en este momento. Esto es algo que he soñado, poder compartir y orar con un hombre blanco'.

"A medida que Ernest comenzó a revelar su corazón, comenzó también a llorar. El compartió sobre la vida dura que tuvo en su hogar cuando niño, y cómo el ejército le proveyó una salida. El tuvo un problema de abuso de las drogas durante años antes de encontrar a Cristo. Ahora, que estaba en los cuarenta, él es consejero a tiempo completo en un programa de rehabilitación de las drogas de un hospital del estado. Pero Ernest admite que continúa luchando con las consecuencias dolorosas de su pasado de pecado. Su esposa se divorció de él cuando él usaba drogas y bebía. Hace años que está tratando de reconciliarse con sus hijos; siente que fracasó como padre.

"Durante el tiempo que Ernest habló, yo me sentí como un pequeño niño guiado de la mano mientras este fuerte hombre de Dios compartía y me enseñaba el poder del amor de Cristo en su vida. Esto creó en mí el deseo de comprender y pasar más tiempo con otros hombres de grupos minoritarios".

Sin embargo pronto se hizo evidente que no todos en el pequeño grupo de Fred se sentían igual. Los otros dos hombres blancos se fueron del grupo. Uno de ellos incluso admitió que él no se sentía listo para compartir lo que sentía con hombres de otra raza. Pero aun después que el pequeño grupo se dispersó, Fred continuó reuniéndose con Ernest y con el otro hombre negro, Charles, quien era pastor de una iglesia local.

De acuerdo a Fred, fue una experiencia que le enriqueció e instruyó sobre la cultura de estos dos nuevos amigos: "Fue maravilloso escuchar sus historias, ver cómo Dios estaba obrando en sus vidas, saber que ellos luchaban con tantas de las cosas que yo luchaba, comprender sus necesidades de sentirse aceptados y amados, en fin, ver cuánto teníamos en común. La experiencia obró en mi corazón durante todo el año. Luego invité a Ernest a asistir conmigo y mi cuñado Carl a la conferencia de los Cumplidores de Promesas en 1994, en Denton, Texas".

La familia católica irlandesa de Jim O"Toole vivía en Dallas cuando él estaba creciendo en la década de los años sesenta y setenta.

Sus padres se habían criado en el norte del estado de Misisipí. Jim recuerda que su primer contacto con el racismo surgió en su viaje anual para visitar a sus abuelos y otros familiares allí. Los hombres hacían chistes raciales muy crudos sobre los atletas negros mientras observábamos los deportes en la televisión", Jim cuenta. "Y recuerdo vívidamente algunos de los comentarios realmente feos que hacieron sobre Martin Luther King, Jr., quien fue asesinado. Siempre parecía haber una tendencia al odio racial".

Jim no recuerda que sus padres alguna vez hubieran contradicho o discutido el racismo que él escuchara de sus otros familiares, y nunca apoyaron las diferencias raciales. Al contrario, cuando el sistema de la escuela pública de Dallas comenzó el programa piloto de transportar estudiantes de un lugar de la ciudad a otro en autobuses, el primer paso hacia la verdadera integración racial, la familia O'Toole decidió participar. Los padres de Jim sacaron a sus tres hijos del colegio parroquial para que estuviesen entre los 30 estudiantes de la parte norte de Dallas que eran transportados en autobús a un colegio que anteriormente había sido para alumnos negros y que quedaba en el centro de la ciudad.

Nunca hablaron directamente sobre las razones de su decisión, pero obviamente sentían que era lo correcto. "Según recuerdo", nos dice Jim, "ése fue mi primer contacto con personas de una raza diferente. Recuerdo pensar que ese año fue una experiencia divertida y emocionante. Nunca pensé que era un estudiante blanco en un ambiente mayormente negro. Yo simplemente estaba asistiendo a un colegio nuevo".

Jim continuó en el colegio público hasta el grado doce, dado que su escuela de enseñanza secundaria estaba formada de 40 % de alumnos blancos, 40%, y 20 % hispanos, él trataba regularmente con estudiantes de diferentes trasfondos. Pero no se hizo amigo íntimo de ninguno de ellos.

Hubo un amigo negro en la escuela secundaria, sin embargo, que invitó a Jim a un servicio evangélico en el cual escuchó el evangelio por primera vez de una forma que tenía sentido. El respondió al mensaje y fue bautizado al poco tiempo.

Pero la fe de Jim realmente no creció hasta que él se involucró en un ministerio para solteros después de terminar sus estudios en la universidad, y comenzó a asistir a clases de la escuela dominical, en las que regularmente estudiaba la Biblia. Fue a esa altura que Jim conoció y se casó con su esposa, Alice, quien recientemente había aceptado a Jesús como Salvador a través de la influencia de una amiga universitaria. Esta amiga de Alice había conocido y se había casado con Fred VanderMay. Las dos parejas mantuvieron la amistad a través de los años.

Con el tiempo Jim y Alice tuvieron una niña. Tres años más tarde, tuvieron un varón, Andrew, el cual nació con varios defectos congénitos. Entre las personas que llamaron para que orasen por su hijo se encontraba el matrimonio Vander-May, y un amigo que Jim conocía del grupo de estudio bíblico al que él asistía llamado Mark Turkington.

Mark hizo planes durante la hora de su almuerzo, el próximo día para ir a visitar a Jim al hospital donde Andrew permanecía en estado grave. Cuando Mark iba saliendo de su oficina, su amigo David Tibbet se lo encontró en el pasillo.

"¿Deseas almorzar conmigo en algún lugar?", le preguntó David. Cuando Mark explicó adónde se dirigía, David le dijo: "No tengo nada planeado. ¿Te molesta si te acompaño?"

Jim continúa con la historia. "Yo nunca había conocido a David antes", cuenta él. "Pero cuando él entró en la sala de espera del hospital y Mark nos presentó, sentí como si lo hubiera conocido de toda la vida. El me dio la mano y me felicitó por ser padre de un varón. Durante los dos días que habían pasado desde que Andrew naciera, había tanta preocupación por sus problemas médicos que nadie me había felicitado. David fue el primero que lo hizo". Mientras los tres hombres caminaban de la sala de espera hacia la unidad de cuidados intensivos para ver a Andrew, David dijo: "Los hijos son realmente un maravilloso regalo del Señor".

Jim pensó: *¡Finalmente, hay alguien que comprende¡*, y respondió: "Tiene razón; mi hijo *es* un regalo".

Los hombres oraron por Andrew y luego hablaron un rato. Cuando David mencionó que su hijo padecía del síndrome de Down, Jim comprendió la razón por la conexión especial que sintiera cuando lo conoció. "Porque también tenía un hijo que el mundo veía diferente", Jim cuenta, "él podía ver a mi hijo con ojos de comprensión".

"Andrew tenía las piernas torcidas, y su espina dorsal tenía una severa curvatura. Los doctores no estaban seguros de que él pudiera caminar, si es que vivía. El también tenía una enfermedad grave al corazón. Viendo las cosas desde afuera, la mayoría de las personas tan sólo veían a un niño deforme. David vio un regalo especial, un niño hecho a la imagen de Dios. El lo pudo hacer, y me ayudó a que yo lo hiciera, porque él ve a su propio hijo de la misma forma".

Pero la odisea de la familia O'Toole tan sólo había comenzado. Hasta el día de hoy, su hijo ha pasado por siete operaciones (dos en las piernas, tres en el abdomen, y dos en el corazón), además de otra cantidad de procedimientos serios (incluyendo cuatro cateterismos cardiovasculares). En varias ocasiones, Andrew llegó al borde de la muerte.

Cada vez que su hijo necesitaba una oración especial, Jim llamaba a Mark, el cual llamaba a los otros hombres de su grupo de estudio bíblico. Si Mark no estaba en su oficina, Jim dejaba que el teléfono sonara, regresando a la operadora y le pedía hablar con David. "Los tres nos reunimos un par de veces para almorzar", nos cuenta Jim. "Pero durante los próximos meses, el único contacto regular que tenía con David estaba limitado a esas llamadas telefónicas. Aún así, nuestra amistad comenzó a crecer y profundizarse".

Alrededor de un año después que naciera Andrew, David se unió al mismo grupo de estudio bíblico al que pertenecían Jim y Mark. Y se han estado reuniendo un par de veces por semana desde entonces. "Más de tres años han pasado desde que nació Andrew", nos cuenta Jim. "El puede caminar en un andador ahora, y continúa sorprendiendo a los doctores con sus progresos. A través de este largo y difícil período, David y yo nos hemos convertido en amigos especiales, animándonos el uno al otro como padres, y orando por nuestros hijos. No hay nada que yo no hiciese por él".

El día después que naciera Andrew, el doctor Takenaka les explicó a Jim y a su esposa las opciones de tratamiento que había. Las probabilidades no eran buenas, no importaba qué camino escogieran.

David Tibbet no ha sido la única persona de otra raza importante en la vida de la familia O'Toole en los últimos años. El especialista del corazón que atendió a Andrew creció en el Japón. El día después que naciera Andrew, el doctor Takenaka les explicó a Jim y a su esposa las opciones de tratamiento, explicando los varios procedimientos y las probabilidades de éxito en cada uno. Las probabilidades no eran buenas, no importaba la decisión que ellos tomasen, así que el doctor les dijo honestamente que podría llegar muy pronto el momento en que ellos tendrían que decidir lo que sería mejor para Andrew, y no necesariamente lo mejor que se le podría *hacer* a él.

Jim miró al doctor Takenaka y le dijo: "Doctor, nosotros somos cristianos, y creemos que Dios tiene un plan para la vida de Andrew. No sabemos si él va a vivir siete días, siete semanas o setenta años. Eso no está en nuestras manos. Entendemos que puede llegar el momento cuando tengamos que dejarlo ir".

Ellos hablaron un poco más, y luego el doctor Takenaka se levantó para salir, pero antes de llegar a la puerta, se dio vuelta y dijo con su inglés peculiar: "Yo cristiano también". Entonces, inclinó la cabeza, dio media vuelta y salió de la habitación.

Jim se quedó esperanzado de saber que el doctor de Andrew creía en Dios. Las palabras del doctor antes de cada cirugía, cuando venía a recoger a Andrew para llevarlo a la sala de operaciones también animaban a Jim. "Voy a hacer el mejor trabajo posible", él decía. "Usted ore". Y siempre que alguien trataba de darle las gracias y alabar su don especial, la respuesta humilde del doctor era: "Estas son manos humanas. Necesario es Dios para usar estas manos para sanar".

Durante las seis semanas que Andrew quedó en un respirador, su enfermera favorita y la de sus padres era una mujer hispana llamada Lita. Uno de los terapeutas respiratorios, que siempre atendía de forma especial a Andrew, era un hombre hispano llamado Angel.

El día después de la primera operación de corazón abierto, Andrew dejó de respirar en tres diferentes ocasiones. A la tercera vez sonó una alarma de código azul, y el equipo médico vino corriendo de todas partes del hospital. El doctor que ayudó a revivir a Andrew en esa ocasión era de la India.

Ese mismo día, uno de los técnicos médicos de la sala de cuidados intensivos, una mujer negra llamada Vanessa, puso una silla en un rincón de la habitación fuera de toda la conmoción que rodeaba al bebé. Allí se sentó y oró hasta que él salió de peligro. "Ella no se fue hasta que supo que Andrew estaba bien", dijo Jim.

Un día, antes de una de las operaciones de Andrew, llegó Rafael, que era amigo de un amigo de la familia. Ya otras nueve personas habían donado sangre, y la unidad que este hombre hispano donó era la número diez. Jim dice: "Si Rafael no hubiera donado sangre ese día, es posible que Andrew hubiera muerto".

En Junio de 1994, Jim O'Toole hizo planes de último momento para asistir a la conferencia de los Cumplidores de Promesas en Denton. El fue solo porque no pudo ponerse en comunicación con nadie que supiera que asistiría a dicha conferencia.

Durante uno de los tiempos de descanso en el programa, sin embargo, Jim literalmente se tropezó con su amigo Fred VanderMay caminando en uno de los pasillos del estadio. Fred estaba allí con su hermano gemelo, Frank, su amigo Ernest, y el cuñado de Fred, Carl. Este último había recientemente consagrado su vida a Cristo en una de las sesiones de la mañana.

Jim decidió sentarse en las gradas con el grupo de Fred durante la próxima sesión. Ellos escucharon con toda atención mientras Tony Evans predicaba sobre cómo Dios desea cambiar a un hombre a la vez. Un hombre cambiado puede cambiar a su familia, dijo Tony Evans. Las dos familias cambiadas pueden cambiar los vecindarios y los vecindarios cambiados pueden cambiar a una comunidad. Las comunidades cambiadas pueden cambiar las ciudades las que a su vez pueden cambiar los estados, los que pueden cambiar la nación, la cual puede cambiar el mundo. Lo que Dios desea, declaró el predicador, es un hombre a la vez que esté dispuesto a comenzar a hacer una diferencia. E hizo una invitación a los hombres que estuviesen dispuestos a dar el paso y hacer la diferencia, que pasasen al frente, particularmente hombres que desearan derribar las paredes raciales en sus vidas, y alcanzar a hombres de todas las razas. Le pidió a cualquiera que sintiese la necesidad de confesar racismo o mala voluntad hacia otro hermano que pasase al frente y lo hiciera.

Mientras Jim escuchaba esa invitación, su amigo Fred salió rápidamente de las gradas. El hermano de Fred, Frank caminaba sólo un paso detrás de él. Su cuñado Carl pareció dudar por unos momentos, tomando un paso y deteniéndose, luego tomando otros paso y deteniéndose de nuevo. Finalmente, él también caminó rápidamente hacia el frente de la plataforma al final de estadio.

Según nos cuenta Fred: "Cuando Tony Evans habló sobre la necesidad de una reconciliación racial, yo comencé a llorar. Pensé en todo lo que había aprendido en cuanto al dolor que habían experimentado mis hermanos negros Ernest y Charles. Sentí un peso de culpa por todo lo que yo había hecho y lo que había dejado de hacer a través de los años para excluir a las minorías e impedirles que fuesen parte de mi vida, comenzando con mi amigo Sammy y continuando durante el resto de mi vida. Durante todos esos años no hubo compañerismo ni amistad con mis hermanos de diferentes razas".

"Cuando Tony pidió que pasaran al frente los hombres que estuviesen listos para cambiar eso, yo me apresuré a llegar adelante para en ese momento confesar y hacer un compromiso. Dos hombres negros, de la multitud de gente de diferentes razas que estaban alrededor de la plataforma, oraron conmigo. Uno de ellos dijo: 'Hermano, yo no le odio. Yo le amo aunque no sé quién es usted'. No necesita pedirme perdón, pero si necesita el perdón, yo estoy aquí para ofrecérselo".

"Oramos y nos abrazamos, sentí una tremenda libertad y gozo. Lloré lágrimas de alivio porque sentí que mi pecado había sido perdonado no sólo de parte de Dios, sino también de ese hombre, mi hermano negro".

Jim no supo hasta más tarde que su amigo David Tibbet estaba en ese estadio. El también escuchó el llamado de Tony Evans hacia una reconciliación racial, y luego vio asombrado cómo cientos de hombres de piel negra, blanca y amarilla, se dirigían hacia el frente. El experimentó alguna de las mismas emociones de Fred VanderMay cuando muchos de los hombres blancos que estaban sentados cerca de él, se pusieron en pie y caminaron hasta donde él estaba para abrazarlo, pedirle perdón y decirle que lo amaban. David cuenta que él pensó: *Este es el tipo de unidad que he estado buscando durante toda mi vida. Este es el tipo de relación que todos los hombres pueden tener en Cristo. Esto es una muestra de cómo será el cielo.*

Mientras tanto, Jim observaba a su amigo Fred, seguido por Frank y Carl, que se encaminaban a sus asientos a través de la multitud. Entonces los tres, de repente, volteando se dirigieron al lugar opuesto del estadio. *¿Adónde van?,* Jim se preguntaba mientras se daba prisa para seguirlos.

Cuando los alcanzó, Jim supo que Fred y Frank habían decidido buscar a su hermano menor, que estaba también en el estadio. Cuando lo encontraron, los hermanos y el cuñado hablaron de la actitud racial con la que fueron criados, prometieron comenzar a romper esas barreras en sus vidas.

Al fin Jim habló, contándole al grupo sobre su propio trasfondo y señalando cómo tan sólo era necesaria una generación para cambiar los prejuicios que habían heredado de su familia. Entonces relató la historia de David Tibbet y de las otras personas de grupos minoritarios que habían significado tanto para la vida de su hijo.

"Nosotros los cristianos tenemos mucho que aprender sobre el carácter de Dios y la unidad que tenemos en Cristo", concluyó Jim.

"Yo he aprendido un poco sobre el tema a través de la forma en que Dios ha unido a tantos hombres y mujeres de diferentes colores para ayudar a mi hijo, y esto da testimonio de que Dios no se fija en el color de una persona".

Tres hombres y tres historias diferentes: David, el hombre negro que a pesar de su lucha durante toda su vida con los prejuicios raciales y las injusticias, llegó a ser el mejor amigo de un hermano blanco llamado Mark; Jim el padre blanco de un niño severamente lisiado a quien David y otros de diferentes trasfondos étnicos habían ministrado; y Fred, un hombre blanco, luchando para romper las barreras raciales que quedaban en su vida, quien recibió un desafío espiritual cuando Jim le dijo cómo lo había bendecido David.

Los tres comparten la misma fe en Jesucristo, y los tres están respondiendo en su forma particular al llamado de ayudar a derribar las barreras raciales. Sus historias están entretejidas firmemente, un recordatorio, quizás, de la forma en que Dios desea que se entretejan las vidas de sus hijos.

Evaluación personal

¿Tiene usted amigos de un grupo racial diferente? Si es así, ¿cuán cercano está usted de esos hombres? Si no es así, ¿por qué no?

En el grupo

1. Si ha dado el primer paso hacia la reconciliación denominacional desde la última sesión, descríbalo. Si no lo ha hecho, ¿cuándo puede comenzar?
2. ¿Qué ejemplos similares de racismo ya sea evidentes o encubiertos, puede ver en nuestra cultura?
3. ¿Qué dice 1 Juan 2:9-11 sobre la naturaleza del racismo?
4. ¿Hasta qué punto es la segregación racial de las iglesias en los Estados Unidos un resultado del racismo, y hasta dónde es una situación de preferencias en estilo de adoración y gusto musical?
5. ¿Cuáles son algunos puntos fuertes de otros grupos raciales que ha llegado a apreciar?
6. ¿Qué barreras necesitamos vencer (el temor, el no saber cómo seremos recibidos, etc.) para alcanzar a personas que son de otras razas?

Mi respuesta

Un individuo o grupo que creo que Dios desea que yo alcance y que pertenece a otra raza es _____

El primer paso que puedo dar en el futuro cercano es _____

Versículo para memorizar

"El que dice que está en la luz, y aborrece a su hermano, está todavía en tinieblas" (1 Juan 2:9).

Capítulo 7

Introducción

El hormigón o concreto tiene cualidades físicas que causa que fluya, se asiente y se componga de cierta forma. Aunque los niños poseen cualidades específicas dadas por Dios, en gran manera nosotros los padres moldeamos esas cualidades, ayudándolos a determinar si dichas cualidades terminarán siendo usadas para el bien o para el mal.

Ese hijo suyo está indefenso en las manos de las personas alrededor de él. Es flexible y esas personas lo moldean. ¿Qué será de él?

Eso es lo que preguntaba Abraham Lincoln, quien nunca ofreció más que la mínima cortesía a los adultos con quienes se encontraba en la calle, pero que cuando pasaba junto a un niño, lo saludaba y se quitaba el sombrero. "Yo conozco a estos adultos", decía él, "¿pero quién sabe lo que llegarán a ser esos niños?"

Estos pequeños, que dan patadas en la cuna o que corren por todos lados son el mundo de mañana, nuestra posesión más preciada, nuestro potencial más poderoso...

Pero lo extraordinario es que ellos reciben de nosotros sus impresiones sobre la vida, aun sus impresiones de lo que es la santidad.

Bueno, ellos son el don maravilloso de Dios a nosotros. ¡Ciertamente hacen de nosotros lo que nosotros nunca seríamos si ellos nos estuvieran observando e imitando!

Ellos son las flechas de nuestros arcos, y su dirección dependiendo de nuestra guía.

Ellos son los que reciben nuestra batuta, cuando comenzamos a cansarnos.

Ellos serán los héroes y libertadores de mañana y alcanzarán éxitos, o tal vez serán los ladrones, saboteadores y ociosos de mañana. (Anne Ortlund *Children Are Wet Cement* [Old Tappan, N.J.: Revell, 1981], pp.38-40.)

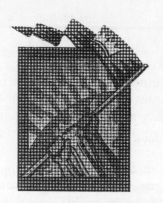

Un cumplidor de promesas ama y disciplina a sus hijos

En 1990, cuando a Warren Risniak, de 35 años, le ofrecieron el puesto de gerente de ventas y mercadeo en una poco conocida compañía de computadoras y materiales de programas, todo el mundo le dijo que no sería un trabajo bueno, y le advirtieron que el presidente de la compañía era una persona imposible para la cual trabajar. Muchos expertos predijeron que el producto que él tenía que vender no tenía salida.

Sin embargo, la actual compañía de Warren estaba siendo estructurada de nuevo, y la nueva posición prometía pagar mejor salario. El tenía una esposa y cuatro hijos menores de 10 años que mantener. Así que dijo: "Aceptaré este trabajo", y así lo hizo. Pensó que no tenía nada que perder.

El estaba equivocado en cuanto a esto. Pero le tomó casi cuatro años descubrirlo.

Poco después que Warren comenzó en su nuevo trabajo, todo el mundo empezó a comprar el producto de su compañía, y él se encontró trabajando noche y día. Las ventas aumentaron sorprendentemente y él adquirió una buena reputación en su industria. "Antes de darme cuenta", dijo él, "estaba viviendo muy de prisa, y no sabía qué hacer para aflojar el paso".

No es que él no disfrutase su extraordinario éxito. Warren sentía una satisfacción inmensa, producida por su trabajo. Le gustaba la posición de autoridad que tenía, aunque en realidad no fue lo mejor para él. Los teléfonos sonaban, la máquina de facsímiles no paraba, su oficina estaba atestada de asistentes que deseaban respuestas de inmediato, otras personas esperando su turno afuera de la puerta, y un equipo de 25 vendedores esperando instrucciones. "Yo lo disfrutaba mucho", Warren nos cuenta. "Algunos días recuerdo haber pensado: *La verdad es que no me importa si nunca más regreso a la casa*".

Una de las razones por la cual él pudo haber pensado de esa forma es que a pesar de todo el éxito que tenía en el trabajo (y en gran parte por causa del mismo), las cosas no marchaban bien en su hogar. Warren y su esposa Bonnie sabían cuando él aceptó el trabajo que le consumiría mucho tiempo. Lo que no habían anticipado era que le consumiría *todo* el tiempo.

> *"El trabajo me absorbía tanto", confiesa Warren, "que no tenía nada más que ofrecer a mi familia cuando regresaba a mi casa".*

"El trabajo me absorbía tanto", confiesa Warren, "que no tenía nada más que ofrecer a mi familia cuando regresaba a mi casa".

Los viajes crearon una gran parte del problema. Warren a menudo viajaba dos o dos semanas y media al mes. Muchos de sus viajes eran al Lejano Oriente, como Taiwan, Japón y Hong Kong, y necesitaba casi una semana para recobrarse de los cambios en el horario. El hacía rutinariamente un viaje de un día a California, regresando a Charlotte, Carolina del

Norte al amanecer, y se dirigía a la oficina a media mañana. Así que aun cuando estaba en la casa, se sentía tan agotado física y emocionalmente que no podía ayudar a Bonnie con las responsabilidades del hogar. Así que ella a menudo se sentía más sola después que Warren regresaba que cuando él estaba al otro lado del mundo.

"Warren regresaba a la casa con todos esos periódicos internacionales con su fotografía en ellos, en reuniones de negocios, en ocasiones firmando un contrato, en otras entregando o recibiendo algún premio. Un hombre de grandes relaciones públicas. Yo veía esas fotografías y pensaba, *¡Ese es mi esposo!* Pero no podía identificarme en lo más mínimo con lo que él estaba haciendo. Mientras él viajaba por todo el mundo, yo estaba sola en casa con los cuatro niños, llevándolos al colegio, sonándoles las narices y cambiando pañales. Warren y yo parecíamos vivir dos estilos de vida completamente diferentes".

Esto creó un reto aun mayor que el que encuentran la mayoría de las parejas al tratar de ver cuál es el papel de cada uno en el matrimonio, y cuáles son sus expectativas mutuas. Por mucho tiempo, Warren se dijo a sí mismo que todo iba a estar bien en el hogar porque Bonnie era una mujer fuerte y de increíbles recursos. Ella cuidaba a los niños y administraba la casa atendiendo todas las otras rutinas familiares como ver que cortasen el césped, que se les diera servicio a los autos, y también pagaba las cuentas. Todas esas responsabilidades le dieron un sentido de independencia y satisfacción.

Lo que ella no estaba recibiendo era apoyo de su esposo. Bonnie sobrevivía la semana pensando: "*Cuando Warren regrese este fin de semana, él se hará cargo y me librará; cuidará a los niños, y hará todas las cosas que yo no pude hacer.* Pero el papel de superhéroe nunca le sirvió a Warren. Y aun cuando decidieron que pagarían al alguien para hacer las tareas de la casa para que él tuviese tiempo para la familia, eso tampoco parecía suficiente.

No era que Warren ya no amara a su familia o que no quisiera estar con Bonnie y los niños. El deseaba estar con ellos pero cambiar el ritmo del trabajo a la casa, cada vez se hacía más difícil.

Lo que empeoró las cosas es lo que la familia Risniak llama "la mentalidad de servicio al cuarto" que adquirió Warren en sus viajes. El trabaja muy duro cuando viaja, pero le lavan la ropa, y le preparan la comida a su orden. Las personas que lo reciben se preocupan de sus necesidades. El sólo tiene que indicar lo que necesita.

"Se desarrollan hábitos", comenta Warren. "Cuando se viaja, es fácil ser holgazán y pensar solamente en sí mismo. Me encontraba con todas esas personas cuyo trabajo era servirme. Y siempre había tiempo para quedarme solo en la habitación, sin que nadie me molestara o esperara nada de mí. Entonces cuando regreso a mi casa es un choque: '¡Vámonos! ¿Puedes hacerme esto? ¿Qué tal esto otro?' Yo quería gritar: 'Espera un momento, ¿dónde está el servicio al cuarto que recibo en los hoteles?'"

Y Bonnie estaba lista para recibir un poco de atención ella misma, o al menos salir a comer afuera. Pero Warren, cansado de comidas de restaurantes, siempre estaba listo para comer en casa.

Otra área en la que las expectativas de la pareja Risniak encontraron conflicto fue en cuanto a sus papeles de padres. Por causa de no pasar mucho tiempo con los niños, Warren quería que el tiempo que pasaba con ellos fuese divertido. Así que se convertía en un gran "compañero de juegos" y dejaba el trabajo de la disciplina a Bonnie. "Siempre he odiado hacer el papel del ogro", dice ella. "Yo buscaba ayuda desesperadamente en esta área, pero simplemente no la recibía".

Mirando hacia atrás, Warren dice que él debió haber reconocido los crecientes problemas. El siente que el Señor estaba tratando de hablarle todo el tiempo. "Pero pasé por alto los problemas. Yo me decía: *Bonnie es una madre maravillosa. Yo sé que es difícil, pero ella es tremenda. Siempre hace las cosas bien. Eso da un sentido de logro y la está haciendo una mujer más fuerte.* Y lo estaba haciendo.

"También me decía a mí mismo: *Yo solamente estoy haciendo lo que se espera de mí, ganar el sustento para mi familia*. Como tantos hombres, yo tenía la habilidad de pasar por alto los problemas tratando de racionalizarlos". Pero en algún nivel, Warren reconoció el problema y en un intento de lograr equilibrio entre su familia y su trabajo, él puso una máquina de facsímiles en su casa. El razonaba que podía regresar más temprano a su hogar, entre las siete y las ocho la mayoría de las noches. Pero entonces alrededor de las 9:30 todas las noches, los facsímiles comenzaban a llegar de todas partes del mundo, y continuaban hasta le medianoche o la una de la madrugada. "Cuando yo permití que entrase el trabajo por la puerta de mi casa", nos dice Warren, "arrasó con el resto de las puertas y no pude encontrar refugio. La casa se convirtió en otro lugar donde ir a trabajar".

En un intento de hacer que Warren pasase más tiempo con sus hijos, Bonnie lo animó a que tomase parte activa en su programa de la iglesia llamado AWANA, un ministerio de un club de niños cristianos. En parte por causa de la presión que ella ejerció, pero también porque él reconocía la misma necesidad, Warren estuvo de acuerdo en hacerse cargo de los juegos y actividades del grupo. El pensó que la responsabilidad lo obligaría a salir de la oficina una noche a la semana.

Mientras que la estrategia funcionó según lo planeado, también añadió más tensión en el trabajo y en la casa. "Las cosas nunca se calmaban en nuestra oficina hasta alrededor de las siete o siete y media de la noche", cuenta Warren. "Así que cuando comencé a salir a las cinco los miércoles, los colegas siempre me preguntaban '¿Adónde vas?', o al menos miraban sus relojes a propósito mientras pasaba frente a sus oficinas. Eso hacía muy difícil salir de la oficina, porque yo deseaba ser considerado como un hombre que trabajaba en equipo; yo deseaba que todo el mundo supiera que hacía mi parte. Sabía que cuando me iba, otras personas se irritaban porque no podían irse. Eso me avergonzaba y me frustraba, y hacía que durante el camino a la casa estuviera molesto e irritado".

Cuando llegaba a su casa, siempre unos minutos más tarde
de lo planeado, toda la familia y la mitad de los niños del
vecindario estaban afuera junto a la entrada del estacionamiento, esperando impacientemente. Bonnie le alcanzaba un
plato de comida, y él se sentaba en el asiento del pasajero de
la camioneta de la familia, balanceando la comida que estaba
sobre sus rodillas, mientras su esposa conducía tratando de
recuperar el tiempo perdido en medio de la hora de más
tránsito. En más de una ocasión ella tuvo que frenar de
momento, y la cena de Warren terminaba sobre el suelo del
automóvil. "Yo manejaba en forma de zigzag tratando de
evadir el tránsito", recuerda Bonnie, "los niños iban atrás,
cantando las canciones de AWANA, y Warren y yo nos
quedábamos molestos, tiesos en nuestros asientos, rehusando
hablar y todo en nombre del ministerio a nuestros hijos".

Cuando llegaban a la iglesia, Warren admite que no era el
líder con más paciencia del grupo. A menudo se molestaba y
le hablaba mal a cualquier muchacho que no le respondiera
inmediatamente a sus instrucciones.

El mismo tipo de irritabilidad a menudo se manifestaba en
el hogar en cuanto a la disciplina. El estaba en su estado de
ánimo retraído cuando los niños comenzaban a portarse mal.
Finalmente Bonnie le pedía que interviniese, o el incidente
crecía hasta el punto en que él no podía continuar pasándolo
por alto. De ambas formas, él se molestaba por sentirse
forzado a actuar, y reaccionaba hablándoles mal a sus hijos.

Warren admite que siempre ha tenido dificultades contro-
lando el enojo. El es el tipo de persona que Bonnie llama el
que "aguanta". El aguanta sus sentimientos debajo de la
superficie todo el tiempo que puede, en ocasiones guardando
el rencor por días, antes que algo a menudo algo totalmente
sin relación, produce la explosión.

"A medida que la tensión continuaba creciendo, parecía
que siempre estaba molesto por algo", nos dice Warren. "Yo
le gritaba a Bonnie o a uno de los niños. Me molestaba si
alguien se atravesaba delante de mí en el tránsito. Me moles-

taba cuando no podía encontrar mi Biblia porque alguien la había sacado de su lugar".

A Warren Risniak no le gustaba la persona en que se estaba convirtiendo. El no se sentía bien en cuanto al tipo de esposo que era para Bonnie, o el tipo de padre que era para sus hijos. Y a medida que pasó el tiempo, dicidió que tampoco le gustaba su trabajo. El ritmo alocado nunca cedía; las demandas nunca cesaban. Y como si el trabajo por sí mismo no creara suficiente tensión, su jefe empeoró las cosas. El dueño de la compañía, el hombre al que Warren tenía que rendir cuentas, usaba el método de la intimidación. El nunca estaba satisfecho, nunca ofrecía una palabra de aliento. "Llegué al punto en que no podía dormir porque estaba teniendo pesadillas", nos cuenta Warren. "Tenía problemas estomacales. Llegué a odiar mi trabajo. Pero no sabía en qué otro sitio encontrar el mérito que estaba encontrando allí".

Finalmente llegó al punto del agotamiento. "Toda mi perspectiva cambió. En vez de esperar con entusiasmo la llegada del lunes en la mañana, con un plan para comenzar la semana, estaba a la defensiva, no deseando tener que actuar. Me sentía tan aturdido que ya no me importaba nada. Y cuando a alguien no le importa algo que antes le proporcionaba mucha satisfacción, se convierte en una pesadilla. Eso que satisfacía, ya no satisface; no se recibe nada a cambio.

"Eso me enojó y me amargó, e inclusive a veces me hizo sentir melancólico. Experimenté grandes cambios de estado de ánimo. Me sentía desorientado emocionalmente. Perdí mi firmeza y luchaba por encontrar algo que reemplazara lo que había perdido.

"Debí haberlo sabido. Yo había sido cristiano por más de diez años. Asistía a una iglesia donde se creía firmemente en la Biblia. Sabía todas las cosas que debía haber estado haciendo. Pero aun así me permití deslizar espiritualmente".

Para el verano de 1993, Bonnie Risniak había también alcanzado el punto del agotamiento con el empleo de Warren y con Warren. Ella fue la que le sugirió que asistiese a la conferencia de los Cumplidores de Promesas en Boulder.

"Como viajas tanto, te has ganado un pasaje gratis, así que lo puedes aprovechar", ella me dijo. Así que Warren asistió, portando mucho equipaje emocional, y buscando desesperadamente encontrar alivio. Dos de los oradores realmente hablaron a su corazón. Primero fue la charla del doctor Howard Hendrick sobre la necesidad de buscar consejeros en las amistades. Antes de hacer ningún cambio, sabía que necesitaba ese tipo de amigo a quien pudiera rendirle cuentas", recuerda Warren. Y también la charla del doctor James Dobson sobre lo que las esposas deseaban que él les dijera a los hombres en la conferencia de los Cumplidores de Promesas.

El doctor Dobson retó a Warren y a 50.000 otros hombres a que se volvieran los líderes espirituales de sus hogares. Warren recuerda: "El habló sobre los logros y los reconocimientos, y cómo al final, nada de esas cosas serían de importancia. Dijo que lo único que podremos llevarnos a la eternidad con nosotros sería nuestra familia y nuestros seres queridos. Eso me impactó".

Lo primero que Warren hizo cuando regresó a su casa fue pedirle a un hombre mayor a quien él respetaba en su iglesia que fuese su mentor. "Yo sabía que necesitaba normalizar mi vida. Mi vida estaba tan fuera de equilibrio, que mi esposa ya no me podía ayudar en esa esfera. Yo necesitaba a un hombre que pudiera hablarme con firmeza y pedirme cuentas, y yo elegí un hombre que fuera mayor que yo, porque sabía que estaría más inclinado a escucharle". Pero también buscó a otro hombre de su misma edad para que actuase como un Barnabás, alguien con quien él pudiera relacionar las experiencias de su vida y hablar a su nivel.

> **Decidir lo que debía hacer y hacerlo eran
> dos cosas muy diferentes.**

Mientras compartía francamente sus luchas con estos dos hombres, no le tomó mucho tiempo a Warren decidir que la única esperanza de restaurar el equilibrio en su vida, la única forma de ser el tipo de esposo y padre que él deseaba ser, era renunciar a su empleo. Pero decidir lo que debía hacer y hacerlo eran dos cosas muy diferentes. "Yo no deseaba renunciar", él recuerda, "pero encontré otro trabajo que me pagaba la misma cantidad de dinero".

Esa indecisión en cuanto a tomar la acción necesaria para arreglar la situación sólo añadió tensión, tanto para Bonnie como para Warren. "El me contó todas las cosas que aprendió en los Cumplidores de Promesas, en cuanto a que la familia debe estar en una mayor prioridad que el trabajo. Sin embargo continuó con el mismo trabajo y la misma presión cada día. Y yo pensaba: *¿Por qué me dices lo que necesitas hacer, y luego no te importa lo suficiente como para hacerlo?* Eso hirió mis sentimientos".

Durante casi un año, Warren esperó buscando y planeando la oportunidad de renunciar a su empleo. El tiempo pasado con su mentor y con su amigo a quien le rendía cuentas, lentamente fortaleció su decisión. En una conferencia sobre la vida familiar a la que él y Bonnie asistieron más adelante, recibió la convicción sobre el tipo de padre que debía ser. Todo se resumía a un asunto de obediencia y fe.

El estuvo agonizando sobre la decisión hasta el momento final de presentar su renuncia. Sin embargo ese día, él almorzó con su "Barnabás", quien le dijo: "Simplemente hazlo". Y lo hizo.

La salida de su compañía resultó ser más amigable de lo que Warren se había imaginado. Su jefe le ofreció un trabajo de asesor para ayudar en la atención del cliente más grande de la compañía. Y ese trato se convirtió en la base sobre la cual Warren comenzó a edificar su propio negocio. Después de casi un año de trabajar por su cuenta, Warren no gana ni cerca de lo que ganaba antes. Pero él dice: "Dios ha provisto todo lo que hemos necesitado. Y cuando miro hacia atrás, a todos esos meses agonizando sobre mi decisión de renunciar, no puedo entender por qué estaba tan preocupado. Pienso: *¿Cuál era el gran problema?* Porque aun después que el alivio y la euforia inicial pasaron, nunca he puesto en duda que hice lo correcto".

Los amigos y familiares inmediatamente notaron la diferencia en Warren. "Es como si fueses una persona diferente", le dijeron. Y él hizo lo posible para fortalecer ese cambio al rendirle cuentas a un grupo de hombres de su iglesia, los cuales fueron con él a su segunda conferencia de los Cumplidores de Promesas en Indianápolis en 1994. El leía mucho, y también hablaba con Bonnie, y esto le dio una nueva perspectiva que le ayudó en el proceso de transformación.

Warren cuenta que el libro *El valor oculto de un hombre,* por Gary Smalley y el doctor John Trent, le ofreció valiosos conocimientos en cuanto a sus hábitos en su tarea de padre, particularmente la comparación de la autoridad de un hombre con dos tipos diferentes de espadas. En el mundo, el hombre debe ser fuerte y saber esgrima, usando su espada de plata para abrirse camino y obtener las metas. Pero la relación del hogar y la familia exige un toque diestro y suave, más como una daga delicada y de oro. "Esa analogía me hizo entender el asunto", cuenta Warren. "Inmediatamente vi cómo a menudo venía a la casa con la espada grande moviéndola de un lado a otro, esa espada larga, de plata y autoridad que usaba como jefe en el trabajo. Conversaba con Bonnie y los niños de la misma forma que lo hacía en el trabajo, siendo fuerte, decisivo, en ocasiones adversario, y a menudo como un líder autoritario en vez de tratar de ser sensible, comprensivo y conforme".

Bonnie también entendió esa analogía. "Warren siempre daba por sentado que yo era tan fuerte como él, pero no lo era. Cuando llegaba a casa con su espada de plata, causaba muchas heridas, no tan sólo a mí, sino también a nuestras tres sensibles hijas". Ahora que él no está tan consumido por la lucha de sobrevivir en el trabajo, Warren dice que es mucho más fácil dejar de lado la espada de plata y tener una relación más tierna con su familia.

En realidad, Bonnie aprecia un verdadero cambio en Warren como padre. El simple hecho de estar más tiempo en la casa, le hace apreciar mejor la realidad. Pero él también está haciendo un esfuerzo deliberado de involucrarse más en la vida de sus hijos.

Durante algunos años no creo que él supiera que existían las tareas escolares", Bonnie dice riéndose. "Ahora él sabe el nombre de las maestras. La mayoría de los días no solamente lleva a la más pequeña de las hijas a la escuela, sino que también entra con ella a la sala de clases y la ayuda a organizarse".

Toda la familia desayuna y cena junta casi todos los días. Warren dice que eso también le ayudó a desempeñarse mejor como padre, lo que a su vez le facilita ser el líder espiritual de su familia. "Ahora cuando tenemos cultos familiares, puedo ayudar a mis hijos a aplicar verdades bíblicas, porque tengo una mejor comprensión de sus vidas. Si estamos leyendo un pasaje sobre el buen trato a los demás, puedo sugerirle a Mandy, de cinco años de edad, que aplique esa enseñanza al ser amiga de la niña nueva que comenzó el colegio el día anterior. Estoy relacionado a la vida de mis hijos lo suficiente como para saber esas cosas y aplicarlas".

Los hijos también se sienten parte de la vida de su padre. Les encanta preparar los sobres y ayudar en el envío de las cartas del negocio de su padre. Para reconocer su ayuda, Warren le mandó a hacer a cada uno su propia tarjeta de presentación. El también le ha escrito a cada hijo una larga carta que debe ser abierta a la edad de 16 años, una declaración de su amor y aprecio por ellos como persona, compartiendo sus esperanzas y sueños para cada uno y ofreciendo consejos sabios. ("Por si no estoy vivo cuando ustedes cumplan los 16 años", les dijo.)

Ellos saben de las cartas y les cuesta trabajo esperar para poder abrirlas. La hija mayor, Hope, es la envidia de sus hermanos porque sólo le faltan dos años para abrir su carta.

De acuerdo a Bonnie, sus cuatro hijos son más felices y les está yendo mejor en el colegio. Ella siente que la transformación en la vida de Warren ocurrió a tiempo. Su hijo varón, el cual está cerca de la adolescencia, ha comenzado a mostrar algunos de los mismos patrones de enojo con los que Warren luchara por tanto tiempo. "Así que estoy comenzando a enseñarle las lecciones que estoy aprendiendo sobre cómo lidiar con el enojo en forma apropiada", nos dice Warren.

"Y luego, en el caso de nuestra hija mayor", añade Bonnie, "ella me ha convencido de que se necesitan dos personas para manejar a una adolescente. Hay días en que no estoy segura de si diez serían suficiente. Yo no sé cómo hubiera podido sobrevivir los próximos años sin el nuevo nivel de involucramiento de Warren".

Pero Bonnie no es la única en la familia que reconoce y aprecia la diferencia en Warren, como lo muestra el regalo del año pasado del día de los padres de Taylor, quien tiene 12 años. "Me dio un cuadro hermoso que había pintado para mí, de dos espadas. Una grande de plata y otra más pequeña, más delicada y hermosa, de oro. Tengo el dibujo enmarcado en mi oficina como un recordatorio constante del tipo de padre que deseo ser".

Evaluación personal

Cuando su trabajo le consume mucho el tiempo, ¿qué precio paga? ¿Qué precio pagan sus hijos?

¿Hasta dónde siente que las horas que trabaja están bajo su control? Si cree que no tiene otra alternativa sino trabajar largas horas en su empleo presente, ¿cómo puede asegurarse de que sus hijos aún se sienten amados?

En el grupo

1. ¿Qué pasos hacia la reconciliación racial ha pensado tomar? ¿Lo ha hecho ya? Si es así, ¿qué sucedió? Si no lo ha hecho, ¿cuándo lo hará?

2. Warren Risniak dijo que él, como la mayoría de los hombres, es muy hábil para pasar por alto los problemas. ¿Por qué tenemos la tendencia de hacer eso? ¿Qué sucede cuando lo hacemos?

3. ¿Hasta qué punto la presión de los demás y el deseo de tener éxito en el trabajo lo mantienen más tiempo del que le gustaría lejos del hogar?

4. Si un observador imparcial se fijara en cómo usa su tiempo y su dinero, cuál sería la conclusión de él en cuanto a cuán importante son sus hijos para usted? ¿Por qué?

5. ¿Qué puede hacer un padre que no tiene la custodia de sus hijos para tener una mejor relación con ellos?

6. Si fuese a separar una noche para realizar algunas actividades con su familia, ¿cómo piensa que ellos reaccionarían? ¿Por qué?

7. ¿A quién le ha dado permiso para pedirle cuentas sobre su desempeño como padre? Si la respuesta es "a nadie", ¿a quién le dará esa autoridad?

8. El Salmo 127:4 dice que los hijos son "como saetas en mano del valiente". ¿Qué significa esto hoy día para nosotros como padres?

Mi respuesta

Complete la siguiente oración, y luego óresela a Dios:
"Padre celestial, porque me doy cuenta de lo importante que
son mis hijos, con tu ayuda voy a esforzarme por ser mejor
padre esta próxima semana haciendo lo siguiente: _____
_____ ".

Versículo para memorizar

"Herencia de Jehová son los hijos; cosa de estima el fruto
del vientre". (Salmo 127:3)

Capítulo 8

Introducción

Si un hombre desea experimentar el poder y la gracia de Dios, si desea ver obrar al Espíritu Santo, no existe arena más poderosa para esto que su vida sexual.

Nuestra sexualidad toca la médula misma de lo que somos. Mucha de la afirmación que la mujer recibe por medio de las amistades, el hombre la recibe a través de su relación sexual. Mucha de nuestra identidad y nuestro ego está en juego. Si usted mira la televisión parecería como si nuestra cultura nos evaluara a través de cuán bien nos desempeñemos en esta área. El mensaje: Según de exitosos seamos en lo sexual, así lo seremos en todo lo demás.

Nosotros los hombres tenemos una tremenda capacidad, realmente es un impedimento para separar una esfera de nuestra vida de otra y justificar la conducta equivocada que consideramos inaceptable en los demás. El ejemplo clásico es Aldrich Ames, el empleado de la CIA que vendió muchos secretos norteamericanos a la antigua Unión Soviética. El estaba traicionando a su país por un lado, mientras que por el otro trabajaba para él. De la misma forma, una encuesta encontró que más de cincuenta por ciento de los hombres que asisten a las conferencias de los Cumplidores de Promesas tienen problemas personales con pensamientos pornográficos. Algunos están luchando con esto, pero otros en realidad no lo están.

Sin embargo, en 1 Corintios 6:18-20, Dios (a través del Apóstol Pablo) nos llama a un nivel superior. Somos llamados a honrar a Dios con nuestros cuerpos, porque el cuerpo es el templo del Espíritu Santo, comprado a expensas de su propio Hijo. En 1 Tesalonicenses 4:3-8 se nos ordena evitar la inmoralidad sexual, y entonces el pasaje concluye diciendo: "Así que, el que desecha esto, no desecha a hombre, sino a Dios, que también nos dio su Espíritu Santo" (v.8).

Este es, por cierto, un alto nivel. Muchos hombres cristianos, al igual que Kurt Stansell, luchan diariamente con ello. Esperamos que muchos de ustedes, que leen este libro, se identifiquen con su historia, por lo menos en parte. Yo sé que Dios, quien le da la victoria a Kurt, puede y desea hacer lo mismo por usted.

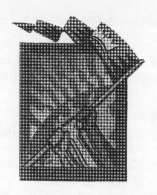

Un cumplidor de promesas
protege su pureza sexual

Según su propia opinión, Kurt Stansell era un adicto a la pornografía. Kurt es también una de esas personas cuyas amistades lo miran como alguien que "lo tiene todo". Desde hace 13 años está casado con una maravillosa mujer. Es padre de un varón de ocho años, y de una niña de tres años. Poco tiempo después de cumplir los 30 años de edad, Kurt y un amigo dejaron lo que parecían prometedoras carreras en un banco para comenzar lo que en cinco años se ha convertido en una exitosa firma de asesoría para inversionistas. Kurt es también uno de los ancianos fundadores de su iglesia, una de las congregaciones evangélicas de más rápido crecimiento en California. Su pastor y demás líderes laicos alaban su liderazgo espiritual. Uno de ellos hasta le ha llamado "un asombroso hombre de Dios" que está siendo usado poderosamente por el Señor. Kurt Stansell es una de esas personas de las que usted menos sospecharía que tiene problemas de adicción a la pornografía. La llamamos adicción porque como usted verá es poderosa, es de naturaleza cíclica y conduce progresivamente cuesta abajo. Pero la tenía y la tiene.

"Yo me crié en un buen hogar cristiano", dice Kurt. "Mi padre era capellán del ejército, así que nos mudábamos con frecuencia y pasé varios años de mi juventud en Europa y en el Lejano Oriente. Mis padres eran cristianos firmes, temerosos de Dios que se habían dedicado a ministrarles a los militares norteamericanos. Ellos también me criaron a mí, a mi hermano y hermana menores con un entendimiento claro del evangelio. Desde la edad preescolar yo tuve una relación personal con Cristo. Los estudios bíblicos y la memorización de las Escrituras fueron parte de mi crianza. Tuve lo que siempre he considerado una niñez maravillosa, casi perfecta".

Durante sus primeros años de adolescencia, Kurt desarrolló un interés natural por los asuntos sexuales. Leía con regularidad la sección de preguntas y respuestas de la doctora Joyce Brothers en la revista norteamericana Good Housekeeping, y su madre le regaló un par de libros cristianos que trataban los puntos básicos de la vida. Pero por alguna razón, dice Kurt "mi padre no me ayudó en cuanto a esas inquietudes". Así que Kurt tenía un sinnúmero de preguntas y nadie que se las contestara.

De vez en cuando, se atrevía a hablar con algunos de los jóvenes militares cristianos que acudían frecuentemente a su casa. Kurt estableció la suficiente confianza con uno de ellos, que era casado, como para hacerle una pregunta específica. El soldado se la contestó con sinceridad y luego le habló acerca de algunas de las tentaciones que él había experimentado de adolescente. Inclusive habló en una forma franca y abierta acerca de la masturbación, algo de lo cual Kurt sabía pero que jamás había practicado.

Días después de esta conversación, Kurt dice "tuve mi primera experiencia con la masturbación. Al final me sentí avergonzado, y a la misma vez no podía dejar de pensar en las sensaciones de placer físico que había experimentado. Así que me sentía confundido por la mezcla de emociones que sentía y por el hecho de que no tenía a nadie con quien pudiera hablar sobre esto".

La masturbación se convirtió en un hábito en su vida. "Creo que mi relación con Dios era buena como la de cualquier otro joven de 15 ó 16 años de edad", dice Kurt, "pero realmente deseaba saber si lo que hacía era correcto o no".

Nunca tuvo una respuesta clara a esa pregunta. Los libros cristianos que leía le brindaban diferentes opiniones, y los predicadores que hablaban acerca de las relaciones sexuales en los campamentos cristianos juveniles a los que asistía evadían el tema.

Cuando tenía 17 años y visitaba a unos amigos en una escuela misionera no lejos de la base militar donde él vivía en Las Filipinas, Kurt fue retado por uno de los predicadores que habló acerca de la pureza, la dedicación y el seguir a Dios. Kurt rededicó su vida al final del culto.

Más tarde en el día, vio al predicador caminando por los jardines de la escuela. Kurt se apresuró a alcanzarlo y le preguntó si le podía hablar por unos minutos. "Entonces le dije del compromiso que había hecho en respuesta a su reto esa mañana, y en forma un poco torpe, le conté de mi lucha con la masturbación. Yo creo que pensaba que confesando mis problemas a otra persona y pidiéndole que orara por mí, encontraría fortaleza la próxima vez que fuera tentado".

Realmente eso fue lo que pareció suceder. El predicador escuchó y animó a Kurt a ser sensible a lo que Dios le estaba hablando. Oró por él y trató de animarlo aconsejándole: "Esto es algo que vas a tener que enfrentar diariamente. Vas a necesitar confiar en la fortaleza de Dios".

"Todo esto fue una experiencia positiva para mí", dice Kurt. "De ella saqué una sensación de victoria que duró varios meses".

***La caída de Kurt comenzó cuando se
vio expuesto a la pornografía
por primera vez.***

La caída de Kurt comenzó cuando se vio expuesto a la pornografía por primera vez. "Fue algo casual, casi accidental al principio", dice él. "Caminaba por una de las calles de Manila cuando pasé delante de un quiosco repleto de revistas pornográficas. A diferencia de los Estados Unidos donde en los quioscos solamente se puede ver el nombre de la revista en la portada, en éstas se veía todo. No me detuve a mirar en esa ocasión, pero después de ese día, cada vez que pasaba por un quiosco de revistas aminoraba mi paso para mirar furtivamente por unos breves segundos aquellas portadas de las revistas. Tan sólo esa breve exposición bastó para encender mis fantasías de adolescente y producirme más sentimientos de culpabilidad".

Regresar a los Estados Unidos para asistir a la universidad proveyó a Kurt un poco de alivio a sus tentaciones sexuales. La universidad cristiana, de corte conservador a la que asistió, le sirvió como un manto protector a la clase de material que había estado viendo diariamente en Las Filipinas. Allí existía un fuerte compañerismo entre los estudiantes y amigos. Al inicio de su segundo año, conoció a Martha, una joven que recién comenzaba sus estudios y por quien Kurt comenzó a interesarse seriamente.

"Aunque ambos habíamos adquirido el compromiso de mantenernos vírgenes hasta que nos casáramos, gradualmente fuimos desarrollando una relación más física", dijo Kurt. Esa relación ayudó a Kurt a reducir su naciente fascinación hacia la pornografía, pero a la vez sirvió para inflamar más aún su pasión sexual. Kurt admite: "Cada semana cuando iba a la ciudad para servir de tutor a algún joven vietnamita, pasaba frente a un cine donde exhibían películas pornográficas. Siempre leía los títulos de las películas en la cartelera, y me picaba la curiosidad por saber la clase de material que contenían, pero nunca entré a ese lugar".

Para cuando Kurt se graduó de la universidad, él y Martha estaban ya formalmente comprometidos para casarse al año siguiente cuando ella terminara sus estudios. Mientras tanto, él tomó un poco de tiempo para viajar y visitar por varias semanas, en el Brasil a la familia misionera de uno de sus compañeros de estudios. Su viaje concluyó pasando una semana solo en Río de Janeiro.

Estando allí, Kurt descubrió un teatro que exhibía películas pornográficas y que estaba sólo un par de cuadras de su hotel. "Pasé frente a ese lugar en varias oportunidades y cada vez la tentación de entrar era más fuerte. Finalmente, me pareció muy fácil sacar el dinero del bolsillo y entrar. Me sorprendió la cantidad de público que había adentro. Estaba bastante lleno y hasta había varias parejas".

Sintiéndose terriblemente abochornado aunque se hallaba en una ciudad de 14 millones de habitantes, y no queriendo que nadie lo viera se sentó en la parte más oscura al final del teatro. "Me imagino que había sido bastante ingenuo en cuanto a la pornografía hasta ese momento", dice Kurt. "Las portadas de las revistas era lo más atrevido que había mirado hasta ese entonces. No podía creer lo que mis ojos veían en aquella película. Miré con agrado y desagrado, sintiéndome horrorizado en ocasiones y enardecido de placer en otras.

"Antes que se terminara la película salí del cine con una tremenda sensación de desprecio por mí mismo. *Has caído en lo más bajo en esta oportunidad*, me decía a mí mismo. *Esto es lo más detestable que has hecho jamás. Nunca le digas a nadie que has sido tentado a ir a un espectáculo como ése, y mucho menos digas que una película como ésa has visto*".

Kurt regresó a la habitación de su hotel, se puso de rodillas, le pidió a Dios que lo perdonara, y prometió jamás volver a hacerlo. Cuando regresó a los Estados Unidos comenzó a pensar en su boda. Pensaba: *Casarse será algo maravilloso. Le pondrá punto final a este tipo de tentación. En realidad tendré gratificación sexual genuina. Esa será la solución.* Desafortunadamente no lo fue.

Poco tiempo después de casarse, Kurt comenzó a trabajar en una empresa bancaria, y él y Martha se mudaron para la ciudad de Atlanta. El participó en varias sesiones de adiestramiento en hoteles cerca del aeropuerto, y pudo notar que la mayoría de los clubes nocturnos que exhibían personas semi-desnudas estaban en esa parte de la ciudad. "Cuando pasaba frente a uno de esos lugares en mi automóvil cada semana, sentía que me halaban como un imán: *¿Qué sucederá ahí dentro?*" Finalmente un día en que las clases terminaron temprano, me detuve con la excusa de usar los sanitarios. Me sentí aliviado y decepcionado a la vez de que nada sucedía allí a media tarde.

"Me preguntaba: *¿Cuándo comienzan?* Entonces me dije a mí mismo: *¡Idiota! ¡Ni siquiera debías estar aquí!, y me marché del lugar sintiéndome culpable una vez más*".

Poco tiempo después de esto, Kurt fue a la ciudad de Boston para asistir a una conferencia de adiestramiento de dos días. Se alojó en un hotel cerca del centro de la ciudad. "Era la primera vez que me quedaba solo en un hotel con sistema de televisión con cable. Era tan fácil encender el televisor, y ver una película para adultos. No era una porno-grafía extremadamente grosera, pero era pornografía. Me senté allí y miré aquello después de cenar en la noche".

Al concluir salió a caminar un rato por el centro de la ciudad. En una esquina cerca del hotel dos hombres le detuvieron y le preguntaron: "¿Quiere cocaína?"

"No, no", respondió Kurt retrocediendo sorprendido.

"¿Quiere una mujer?", preguntaron.

"No", volvió a responder.

"¿Entonces está buscando un varón?"

"No, gracias, está bien" respondió y se fue rápidamente.

"Obviamente aquélla era la clase de acción que ocurría en esa zona", continúa diciendo Kurt. "Por eso no me pareció gran cosa entrar en uno de los clubes que proclamaban 'XXX Mujeres, Mujeres, Mujeres XXX' en sus letreros luminosos. Pero cuando entré en uno de ellos sentí como si todo el mundo allí se dio vuelta para mirarme. Me sentí fuera de lugar, así que retrocedí, salí a la calle y me fui de prisa al hotel para volver a mirar otra película en la televisión".

Regresé a casa desde Boston sintiéndome como un farsante y pensando que si Martha se enteraba de lo que había hecho y lo que estuve tentado a hacer, sería devastador para ella. Me sentía como si la hubiera traicionado; pensaba que ella no me amaría más si se enteraba que yo tenía este problema. Le prometí a Dios y a mí mismo, una vez más, que no volvería a hacer esas cosas nunca más".

Pero había tantas tentaciones. Un sábado en la tarde, mientras esperaba que repararan su automóvil a unos pocos kilómetros de su casa, Kurt salió a caminar y se tropezó con una librería para adultos. Siempre que iba a los aeropuertos hallaba los quioscos de revistas, y dondequiera que iba en la ciudad veía avisos de clubes de entretenimiento para adultos.

Entonces su compañía lo mandó a la ciudad de Chicago para un curso intensivo de adiestramiento de seis semanas. Su hotel estaba a solamente un par de cuadras del famoso distrito conocido como Rush Street. Martha no estaba con él así que comenzó a pensar: *Esta es mi gran oportunidad para saber lo que sucede en el mundo del entretenimiento para adultos.*

Kurt describe la experiencia. "Caminé hasta Rush Street, entré en el primer club que encontré y me senté a una mesa. El lugar exigía que consumiera por lo menos dos tragos, así que ordené una cerveza, ¡yo que ni siquiera bebo! Pero me senté allí solo bebiendo mi cerveza y mirando a las mujeres hacer sus bailes.

El fluir de adrenalina que corría por mi cuerpo mientras miraba a esas bailarinas era significativo. Hasta ese momento todo había estado en dos dimensiones, en la página impresa o en la pantalla, y parecía casi artificial. Pero aquí la cosa era de verdad, mujeres en vivo, literalmente de carne y hueso; y sin embargo parecía haber cierto toque impersonal y de anonimato en la experiencia. Cuando salí de ese lugar sentí como si todo los nervios de mi cuerpo estuvieran en actividad. Pero igual de activa estaba mi conciencia. Me sentía tan increíblemente culpable mientras caminaba de regreso a mi hotel que me dije: *Bien, ya lo hiciste. Eso es lo más bajo que caerás. Nunca volverás a hacer nada parecido otra vez.*

"Y en realidad, por mucho tiempo no lo volví a hacer. Pero la semilla quedó plantada, otra barrera había sido removida".

Aunque pasó tiempo antes que Kurt fuera tentado a regresar a un club nocturno, la pornografía impresa todavía le atraía. De regreso en Atlanta, cuando se detenía en una gasolinera, mientras el empleado atendía su automóvil algunas veces hojeaba las revistas para hombres. "Me sentía bastante anónimo en una ciudad donde no conocía a mucha gente", explica Kurt. "Aunque Martha y yo comenzamos a asistir a una iglesia y nos hicimos buenos amigos de otra pareja, en cuanto a ser sorprendido, o a que alguien me viera y me hiciera sentir abochornado, me sentía bastante confiado".

Semanas y hasta meses pasaban y todo parecía marchar bien, leía su Biblia con regularidad y oraba. Pero entonces regresaba la tentación, y por varias semanas luchaba contra ella pasando por delante de los lugares y diciéndose a sí mismo: *No, no te vas a detener ni a entrar allí.* Y entonces lo hacía.

"En cierta manera, era casi gratificante cuando finalmente cedía", dice Kurt. "Era como si toda esa lucha y tensión se iban acumulando mientras luchaba con la tentación. Sin embargo, después sentía un gran alivio. Estaba hecho y terminado. La tensión y la tentación desaparecían por un tiempo. Me decía: *Ya está; nunca más. No hay necesidad de regresar.*

Después de cada incidente, Kurt se sentía que debía prestarle atención especial a Martha en un intento de aliviar su sentimiento de culpabilidad y compensar por lo que había hecho. Esto se convirtió en parte de su patrón de conducta y comenzó a racionalizar: *Esto puede ser hasta bueno para nuestra relación. Estoy poniendo menos presión en Martha para que supla mis necesidades sexuales.* Su actuación sexual era mejor por un par de días después de masturbarse, lo cual significaba que había una tendencia menor a la eyaculación prematura, así que se decía: *Esto también es mejor para Martha.*

"En ocasiones casi veía mis incidentes con la pornografía como válvulas de escape provistas por Dios para mis necesidades", dice Kurt. "Se me hacía cada vez más fácil apagar la parte racional del cerebro y justificar mi comportamiento. Sin embargo creo que siempre he sabido en lo profundo de mi corazón que estaba engañándome a mí mismo, porque aun cuando el sentimiento de culpabilidad comenzaba a disiparse, siempre experimentaba una sensación de vacío y desilusión".

Este patrón de conducta continuó por años. En Atlanta, se detenía periódicamente en los estantes de revistas de las gasolineras, de vez en cuando alquilaba una película para adultos en una tienda de videos cuando sabía que Martha no iba a estar en la casa, elaboraba excusas cuando salían juntos de compras para poder entrar a una librería solo. Las visitas a clubes nocturnos donde había mujeres en vivo las reservaba para cuando viajaba fuera de la ciudad.

> *Evaluación personal:* ¿Se ha visto usted alguna vez participando o planeando participar en actividades como las que menciona Kurt? De ser así, ¿cómo se sintió?

El matrimonio Stansell se mudó para San José, California, cuando Kurt logró un ascenso. Pronto comenzaron a asistir a una dinámica iglesia, donde Kurt se unió a un grupo de hombres que se reunía una vez por semana para un desayuno de oración. Además él y Martha se unieron a un grupo de parejas de su edad. "Sentía una necesidad tremenda de compañerismo", admite Kurt. Otro hombre le pidió que le ayudara a enseñar una clase de la escuela dominical, y por causa de su trasfondo bíblico, Kurt fue seleccionado para ayudar a dirigir otro grupo para parejas. El y otro hombre que había estado en ambos grupos de estudio bíblico acordaron rendirse cuentas mutuamente, y así comenzaron a reunirse una vez por semana.

"En realidad simpatizaba mucho con Stan. Era un buen creyente, y pensé que podía ser amigo de él y hablarle con franqueza, cosa que no había hecho al principio. Me decía a mí mismo: "En cuanto arregle este asunto de la pornografía seré cien por ciento sincero con Stan. No hay forma de que pueda compartir con él las cosas que he hecho; es demasiado bochornoso. Nunca podría aceptarme".

Los dos hombres comenzaron a reunirse semanalmente para desayunar, y Kurt usaba muchos eufemismos para evitar ser muy específico. "Esta semana sí que fallé en grande. Miré algo que no debía haber mirado", diría él, "pero creo que ambos sabíamos que yo hablaba acerca de la masturbación", dice Kurt ahora.

A pesar de lo limitada que era la franqueza, la relación entre Stan y Kurt era positiva. Ellos se animaban uno al otro a ser mejores hombres cristianos, mejores esposos y mejores padres. Sin embargo los problemas sexuales continuaban para Kurt.

Para citar a Kurt: "Yo me sentía como un avión en picada, yendo hacia abajo, abajo, abajo. Mis reuniones con Stan eran como cuando el piloto toma los controles del avión y los hala, pero todavía siente el efecto de la fuerza de gravedad halándole hacia abajo aun después que el avión comienza a ascender. El impulso estaba allí, halándome todavía. Así es como me sentía. Estaba dando los pasos correctos con este asunto de rendir cuentas, pero había tal impulso en mi vida, la negación, la forma de pensar ofuscada, la razonalización. Todos los patrones de tentación, todas las oportunidades estaban todavía allí".

En su próximo viaje de negocios, después de una semana de estar solo en la ciudad de Houston, comenzó a sentir la tentación. Tomó la guía telefónica para averiguar la dirección de los clubes nocturnos y entonces fue al que le quedaba más cerca. "Ese club era realmente elegante; no era como los demás que había visitado. Entré y comencé a observar a las bailarinas por un rato. Noté que algunas de ellas les prestaban atención especial a algunos clientes".

Cuando una de las mujeres se ofreció a bailar para Kurt, él accedió. Al terminar le dijo que el cargo por haber bailado para él era $40.00 dólares. "De repente todo cambió, la fantasía cesó. Unos instantes atrás la actitud de aquella mujer había sido: 'Déjame brindarte placer. Tú eres maravilloso'. El próximo minuto su actitud era: '¿Dónde está mi dinero?' Para cuando me fui del lugar la fantasía no existía. Era dolorosamente obvio que había sido usado y que yo la había usado a ella y ambos lo sabíamos. Estaba disgustado conmigo mismo".

De regreso en su hotel, pensó: *Ahora sí es verdad que has llegado al punto más bajo.* Nunca hasta ese momento había tenido ningún tipo de interacción con nadie. "Para colmo en ese mismo viaje a Houston, había conocido a una atractiva joven en la clase de adiestramiento. Habíamos conversado en un par de oportunidades durante los recesos y habíamos almorzado juntos un par de veces. Hasta le había testificado. Pero para el final de la semana, regresé a mi hogar pensando: *No eres invulnerable a una aventura amorosa. Si hubieras estado en Houston dos semanas más, a la velocidad que ibas, pudieras haberte visto en serios problemas.*

Ese pensamiento le asustó tanto que tomó la decisión de poner en práctica cabalmente el asunto de rendir cuentas franqueándose con Stan. Todavía no le divulgó todo, pero le contó más que en ocasiones anteriores. Durante esos días Kurt se enteró de que un hombre que había jugado un papel crucial en su desarrollo espiritual había sido acusado de conducta sexual impropia y había sido retirado del ministerio. "Esa noticia fue 'lo que le puso la tapa al pomo' como dice el refrán. Aquello me decía: 'Kurt estás de picada envuelto en llamas a menos que puedas ser completamente honesto'".

También pensó: *Algún día seré sorprendido, y sería bueno que por lo menos una persona dijera que caí luchando contra esa adicción.*

Una noche, cuando sus familias se habían reunido, Kurt y Stan salieron a caminar. Ya en la calle Kurt le preguntó: "Stan, ¿qué es lo peor que has hecho en tu vida?"

Stan describió una experiencia sexual que había tenido algunos años atrás. "Podía ver que era difícil para Stan decírmelo; era como un fantasma que lo perseguía. Le preocupaba que de aquello hubiera nacido un hijo. Stan decía que frecuentemente tenía pesadillas en las que un niño venía hacia él corriendo y le decía: '¡Hola, papá!'"

Escuchar la historia de Stan hizo que Kurt deseara contar la de él, pero el incidente de Stan había ocurrido varios años atrás cuando era soltero y joven. La historia de Kurt era reciente y dolorosa, ocurriéndole a diario a pesar que era un líder prominente en su iglesia. "Casi me ahogaba con las palabras", dice Kurt. "Pero las dije y Stan me escuchó. No me condenó, simplemente oramos el uno por el otro".

Después de orar con Stan, Kurt, de inmediato notó una

> ***Evaluación personal:*** **¿Tiene usted alguna otra persona, aparte de su esposa, con la que pueda compartir sus secretos y sus fracasos? Si es así, ¿cómo le ha ayudado esto? Si no es así, ¿dónde podría usted encontrar a tal persona?**

diferencia. "La tentación que sufrí quedó reducida a la mitad", él explicó. "No quiere decir que no haya fallado de nuevo, porque fallé. Pero a menudo, cuando sabía que iba a salir en viaje de negocios, o cuando sentía que la tentación aumentaba, hablaba con Stan o simplemente pensaba que le tendría que contar a él si había cedido a la tentación, y eso verdaderamente aminoraba mi deseo de ceder a la tentación".

Kurt aún luchaba con preguntas sobre cómo un hombre amigo de él pudo ir a una despedida de soltero, ver a una mujer que había sido contratada para eso, quitarse la ropa, y seguir viviendo su vida sin darle a esa experiencia otro pensamiento. Sin embargo, Kurt luchaba durante semanas con la tentación de ir a un club de bailarinas semidesnudas, y luego se sentía culpable si cedía a la tentación. Aun cuando luchaba con la tentación, era una guerra sin cuartel. ¿Por qué esta adicción tenía tanto poder sobre él?

"Mientras oraba y estudiaba la Biblia, y meditaba en estas preguntas, y a medida que hablaba honestamente sobre el tema con Stan", Kurt dice, "comencé a comprender lo que hace la vergüenza. Cuando nosotros los cristianos tratamos de esconder algo en la obscuridad, le damos a Satanás un permiso increíble para obrar en nuestra vida. Es como darle armas poderosas a él y decirle: 'Toma, haz lo que desees en mi vida", porque él tiene el señorío de todo lo que está encubierto, y la luz de Dios no brilla allí. Así que aprendí que mientras más franco pudiera ser, menos control tenía Satanás sobre mí".

Esa revelación fue parte de la motivación de Kurt para decidir contárselo a su pastor: "No creo que deba continuar en mi papel de líder en la iglesia. No mientras tenga estas luchas en mi vida. Estoy lidiando con algunas fallas muy graves".

"Bueno, ¿desea contármelo?", me preguntó el pastor.

"Yo no planeaba contárselo todo", nos dice Kurt, "pero una vez que comencé, le dije todo lo que tenía adentro. Cuando terminé, me miró y me dijo: 'Tal vez deba considerar una confesión más pública'. Yo tragué saliva y pensé: *No sé si estoy dispuesto a hacer eso. No creo que pararme delante de la iglesia el domingo en la mañana sea el paso más apropiado que deba dar"*.

Al notar la duda de Kurt, el pastor le aseguró: "Quizás debiera ser en un grupo de hombres, un grupo pequeño de estudio bíblico de hombres o algo parecido. Usted va a ser parte del grupo que va a la conferencia de los Cumplidores de Promesas el próximo mes, tal vez surja alguna oportunidad para hablar de eso allí".

Kurt le dijo a su pastor que lo pensaría, y mientras lo hizo, se dio cuenta de que cada paso hacia la franqueza hasta el momento había reducido su tentación, primero con Stan y luego con su pastor. ¿Pero contárselo a todos? El no estaba seguro en cuanto a exponer su secreto más obscuro a más luz.

Sin embargo, en la última noche de la conferencia, Kurt comprendió que muchos otros hombres probablemente también estaban luchando, si no era con la adicción a la pornografía, con secretos propios. Comenzó a sentir la convicción de que debía contarles su historia a otros hombres en los cuales pudiera confiar, no tanto como para hacer una confesión pública, sino para pedir su apoyo e inclusive animarles a admitir sus propias necesidades. Esa noche, Kurt se quedó despierto hasta tarde y escribió un breve resumen de su historia.

A la mañana siguiente cuando algunos de sus amigos de la iglesia se habían reunido para desayunar, a medida que comenzaban a decir cuánto Dios les había hablado a través de la conferencia, Kurt les contó su historia. Y sus amigos, en realidad, le ofrecieron aceptación y le prometieron apoyarlo en oración. La mayoría admitieron sus propias necesidades.

Después de hablar largamente con Stan, su pastor, y ahora algunos de sus amigos de los Cumplidores de Promesas, Kurt sintió que el último paso que necesitaba tomar hacia la franqueza y libertad era ser honesto con Martha. Ella tenía en sus manos las llaves para soltar la última de las cadenas que le ataban. El necesitaba su aceptación y perdón más que nada para destruir el ciclo de pecado, repugnancia y vergüenza.

Sin embargo, él sabía que tenía que proceder con oración y cuidado. Antes de la conferencia de los Cumplidores de Promesas, cuando él había hablado con su pastor la primera vez, Kurt le había declarado que una de sus metas era poder confesárselo a Martha. El pastor había recomendado cuidado en ese aspecto. El le había dicho a Kurt que se asegurara de que lo que le dijera a Martha fuera beneficioso para su relación y que no le causara tormento innecesario a ella. El le contó la experiencia de uno de los hombres que él había aconsejado, que dio demasiados detalles en sus descripciones de los incidentes, escenas, las mujeres involucradas y su propia reacción. "Ese tipo de descripción detallada resulta algo muy difícil de escuchar para una esposa", le dijo el pastor. "Y no pienso que ser tan vívido en la descripción les ayudó a ninguno de los dos. Usted puede ser honesto y claro hablando de lo que hizo, sin entrar en muchos detalles sobre el pecado".

Kurt estaba tan tenso cuando le habló a Martha, que recuerda la ansiedad que sintió durante su primera conversación con mucha más claridad que los detalles de la misma. Pero todo lo relacionado con esa conversación quedó grabado en la mente de Martha como si hubiese sido ayer. "Estábamos de visita en la casa de mis padres", ella cuenta, "durmiendo sobre un colchón que había sido puesto en el suelo de la sala de estar. Era bastante pasada la medianoche, y habíamos tenido un día tan ocupado que todo lo que yo deseaba era dormir. Pero tan pronto como nos acostamos, sentí que Kurt realmente deseaba hablar, y pude saber por su mirada que era algo muy importante. Entonces me dijo que había hecho una confesión, en la conferencia de los Cumplidores de Promesas, a unos hombres de la iglesia, y luego repitió, con bastante exactitud, palabra por palabra lo que les había dicho.

"Lo único que pude hacer fue escuchar. Me sentí aturdida; nunca me hubiera imaginado nada parecido. Kurt obviamente estaba tratando de ser bien gentil y sensible mientras me hablaba, pero no hay una forma buena de escuchar algo así de parte del esposo. Al menos él no tuvo una actitud defensiva. Su tono de voz indicaba remordimiento. Recuerdo que me dijo: 'Siento mucho temor de que lo que he estado haciendo haya afectado tus sentimientos hacia ti misma, y me siento muy mal por eso'. Me pidió que por favor lo perdonase, y añadió que desesperadamente guardaba la esperanza de que yo aún le pudiera amar, y que me estaba contando eso, no porque deseara herirme, sino porque quería cambiar y tener una relación mejor conmigo desde ese momento en adelante".

Sin embargo, a medida que el impacto inicial fue pasando, esta revelación la hirió terriblemente. Y además de dolor, también sintió tristeza y enojo.

Kurt recuerda que Martha parecía dolorosamente callada, y no hablaron mucho la primera noche. No fue hasta una noche poco tiempo después, mientras se preparaban para acostarse, que ella le dijo que desde el día que había hecho su confesión, ella no había podido dejar de pensar sobre una escena que había visto en la película *The Graduate*. El personaje de Dustin Hoffman había llevado a su novia a un lugar de entretenimiento de bailarinas semidesnudas, y la muchacha se había quedado devastada. Martha comenzó a llorar mientras le decía a Kurt: "Me atormenta la idea de que hayas entrado a lugares como ésos, y que hayas participado en cosas como ésas".

Una parte de Kurt deseaba huir y apartarse del dolor de su esposa, y la otra tenía que lidiar con eso. Sin embargo él le respondió: "Veo que hay cuatro cosas que debemos tener presente mientras resolvemos esto juntos. Quizás nos ayude si las vemos como las cuatro esquinas de una página.

"Número uno, estoy arrepentido de lo que hice. Siento este gran peso de culpa porque te he traicionado. Me siento como si caminara de rodillas hacia ti, rogándote que me recibas de vuelta y que me des otra oportunidad.

"En la esquina opuesta de la página deseo decirte: 'Oye, mira, hay muchos hombres que son mucho peores que yo. Ellos no están tratando de ser honestos, y ni siquiera luchan. Han tenido aventuras amorosas, y no se excusan por cualquiera que sea la razón. Yo estoy poniendo mucho esfuerzo en esto, y espero que tú lo aprecies'.

"Entonces en la tercera esquina de la página, yo realmente necesito experimentar tu amor, aceptación y perdón. Eso es gran parte de lo que necesito para pasar este ciclo de vergüenza, y ésa es una de las razones por la cual te he contado esto, porque cuando yo siento tu amor, se rompe el yugo. Me hace comprender lo agradecido que estoy, y sé que no deseo traicionarte de nuevo.

"Y la última esquina es donde nos encontramos ahora. Realmente necesito escuchar y ser parte de tu dolor y pesar, aunque me duela escucharlo. Así que deseo que sepas que puedes compartir conmigo todo lo que sientas necesario compartir. Comprendo que necesitas expresar tu dolor si es que vamos a superar esto, y lo necesito escuchar, porque es parte de la realidad de mi terapia. Me ayuda a ver lo que realmente estaba sucediendo. Me lleva hasta la realidad de mi traición; rompe la fantasía; no es un crimen sin víctima. Estoy dolorosamente consciente de quién es la víctima, y de lo que esto ha hecho a nuestra relación. Y el ver mi comportamiento como realmente es comienza a destruir la tentación.

"Así que ésas son las cuatro cosas que están sucediendo, y puede que estemos en áreas diferentes sobre esa página en algunas ocasiones, pero existe equilibrio entre esas cuatro cosas".

Esa discusión pareció ayudar a la familia Stansell. También les fue de ayuda leer y discutir un artículo de una revista que su pastor les dio. El título del artículo era"The Victim of the Victimless Crime" (La víctima del crimen sin víctima), y era la historia de la esposa de un pastor. Este pastor había lidiado con la pornografía, había confesado a la junta de la iglesia, y continuó con su vida. Pero la esposa quedó devastada emocionalmente.

Kurt y Martha compararon sus propias experiencias y trataron de aprender de ese artículo. Ambos llegaron a la conclusión de que él nunca estaría "curado", que se enfrentaría con esa tentación cada día de su vida. Y mientras que el rendir cuentas sería siempre importante, Martha necesitaba ser parte de ese proceso. Al llegar a esas conclusiones, Martha afirmó a Kurt expresándole su aprecio por ser honesto y por la forma en que estaba tratando arduamente de vencer su adicción.

El matrimonio Stansell no trató de lidiar con todos su sentimientos al mismo tiempo. No hubieran podido hacerlo aunque hubieran querido, porque sus reacciones, especialmente las de Martha, evolucionaron a través de varias etapas. Y cada una de esas etapas le ofrecía recordatorios dolorosos a Kurt de lo que había costado su comportamiento.

Por ejemplo, le tomó a Martha varias semanas procesar lo que Kurt le había dicho esa primera noche sobre cómo las acciones de él habían afectado la autoestima de ella. "Cuando recordé", ella dijo: "me di cuenta de que nunca tuve problemas con mi autoestima mientras crecía. Yo siempre fui una persona con bastante confianza. Pero eso había cambiado después que nos casamos. Kurt parecía tener siempre mucho aplomo y se expresaba tan bien en comparación conmigo, que siempre que teníamos problemas o tensiones, sexuales o en otras esferas, yo naturalmente asumía que era mi problema. Había ocasiones en que él me criticaba por cualquier motivo, y entonces yo me volvía más nerviosa sobre ese aspecto en nuestra relación. Después que él me contó sobre las bailarinas semidesnudas, de inmediato recordé una ocasión cuando me estaba quitando la ropa para acostarme y él me pidió que bailara un poco para él. Yo me avergoncé y le dije que no podía imaginarme haciendo tal cosa, y él se mostró contrariado. Yo me preguntaba qué era lo que estaba mal en mí y qué me sucedía que contrariaba de tal forma a mi esposo. Cuando me di cuenta de que él había deseado que yo hiciera algo que él ya había visto hacer a otra mujer, me enfurecí".

Martha cuenta que también la enoja pensar en la confusión que ella experimentó a través de los años como resultado de los mensajes confusos que le daba Kurt. "Había noches cuando yo me sentía romántica y lo deseaba, pero Kurt decía que estaba muy cansado, y yo aceptaba eso. Nunca pensé: *él ya no me ama.* Yo creía lo que me decía y nunca sospeché que su interés sexual irregular hacia mí era porque él estaba supliendo sus necesidades de otras formas. En ocasiones me sentía frustrada, pero más que nada me sentía confundida y gradualmente más y más insegura.

"Mirando hacia atrás, realmente me siento engañada. En cierto modo, es igual que si hubiera tenido una aventura amorosa, porque es algo muy parecido. El me engañó, y muchas veces me quitó la oportunidad de ser la persona que supliera sus necesidades sexuales".

Kurt admite que a medida que han tenido una variedad de conversaciones sobre el tema al pasar de los meses, él también obtuvo nuevas y dolorosas revelaciones de cómo su comportamiento había afectado a Martha y su relación. "Me di cuenta de que Dios me dio cierta cantidad de energía sexual para usar en mi relación con ella", dice él. "Y él le dio a Martha su propia cantidad de necesidades. Debió haber habido una relación directa entre estas dos cosas. Pero por haber estado yo malgastando cierta cantidad de mi interés sexual y energía en otro lugar por tantos años, Martha ha experimentado una gran deficiencia de atención y energía dirigida hacia ella.

Comencé a darme cuenta de que necesitaba aceptar mi responsabilidad por ese fracaso, y determiné cambiar la situación. "Por mucho tiempo, en vez de comprender las necesidades sexuales de mi esposa y tratar de suplirlas, yo me convencía a mí mismo que mi propia tolerancia por las frustraciones sexuales era menor que la de ella, y que mis propias necesidades eran mayores. Si no teníamos relaciones sexuales durante una semana, yo pensaba: *Bueno, es obvio yo necesito tener más relaciones sexuales que ella.* Eso se convertía en una forma de razonalizar y excusar la masturbación o la búsqueda de estímulos a través de la pornografía.

"Cuando Martha deseaba tener intimidad y ya yo estaba satisfecho era como una bofetada en la cara, porque ponía al descubierto tan obviamente lo que yo estaba dejando de lado. La única verdadera atracción de la fantasía era que siempre estaba disponible, y que no requería el tiempo que requiere una relación verdadera. Era simple y fácil, pero siempre era algo inferior".

Martha cuenta que eso es también parte de lo que la hace sentir tan defraudada. Al menos hasta cierto punto, por causa de las luchas de él con la adicción a la pornografía, Kurt y Martha no se han comunicado muy bien en cuanto a los asuntos sexuales. Ambos están tratando de mejorar en ese aspecto. Hace poco le dije a Kurt que a menudo me he sentido que he dado más de lo que he recibido en nuestras relaciones sexuales", dijo Martha, "que no estaba experimentando mucho placer. Yo no quise decirle esto antes por temor a herir sus sentimientos. Así que en ocasiones me enojo al darme cuenta de que gran parte del problema fue que yo no era el único foco de su atención sexual. Nuestra vida sexual pudo haber sido mucho mejor, pero él ha decidido que no fuese así.

"Al menos ahora he comenzado a comprender y experimentar algo de lo que hemos perdido. Estoy convencida desde hace algunos meses que en realidad Kurt está comprometido en lograr que todo aspecto de nuestra relación sea lo mejor posible. Gradualmente estoy adquiriendo suficiente confianza como para comunicar mis necesidades, y él está aprendiendo a suplirlas".

Kurt y Martha están comenzando a ver restaurada la confianza que se había perdido cuando él le contó a ella sobre su adicción a la pornografía. "Aun con lo dolorosa que fue su honestidad para ambos", dice ella, "puedo ver cómo esa honestidad se ha vuelto en la clave para que yo confíe en él ahora más que nunca. Veo el precio que él está dispuesto a pagar para ser un hombre de integridad y para tener la mejor relación posible".

Kurt Stansell admite que la lucha no ha cesado, que la guerra continúa. Pero él ha encontrado un número de armas para usar en su continua batalla con la tentación. Las principales son la honestidad y la comunicación con su esposa, inclusive cuando algunos días sólo puede dedicar cinco minutos ya en la cama para preguntarse: "¿Qué luchas has tenido hoy? ¿Cómo estamos en nuestra relación?"

Al mismo tiempo, Kurt cree firmemente en la necesidad de tener otra persona a quien rendir cuentas con regularidad, un hombre como Stan al cual él puede ir sin preocupar a Martha con la carga emocional de sus tentaciones diarias; alguien a quien él pueda llamar y decir: "Hoy me siento débil", o: "Siento un fuerte deseo de hojear esas revistas".

Kurt también encontró que la obscuridad del pecado tiene su lado seductor. "Me siento tentado a no ser totalmente *sincero* con Stan cuando le rindo cuentas de mis hechos", explica él. "Cuando las cosas salen bien por varias semanas y luego fallo, es fácil pensar: *No es necesario que le cuente esto*. Eso me sucedió no hace mucho. Y esa noche después de haberme reunido con Stan en la mañana, tomé mi Biblia y estaba leyendo el Salmo 32: 'Bienaventurado aquel cuya transgresión ha sido perdonada... Bienaventurado el hombre a quien Jehová no culpa de iniquidad, y en cuyo espíritu no hay engaño. Eso me impactó mucho. Pero continué leyendo: 'Mientras callé, se envejecieron mis huesos... Confesaré mis transgresiones a Jehová; y tú perdonaste la maldad de mi pecado'. Sentí que Dios me hablaba. Tuve que llamar a Stan enseguida y le dije: 'Mira dónde me encuentro. Fallé, esto es lo que pasó...'"

Otra arma que usa Kurt es su vida devocional. La honestidad con Dios, al igual que la honestidad con su esposa, es la clave. El está tratando de ser más franco que nunca. Kurt explica: "Yo digo: 'Señor, percibo esta semilla de tentación en mi corazón hoy. Sé que me voy de viaje de negocio en dos semanas, y al pensar en ese viaje, sé que muchas cosas pueden suceder. Deseo que tú trates con esa semilla hoy". Probablemente la semilla esté allí cada día por el resto de mi vida. Pero si Dios me ayuda continuamente a pisarla y aplastarla, juntos podemos hacer que esa semilla no germine".

Aun otra arma es la memorización de la Escritura. Al mirar hacia atrás, Kurt se da cuenta de que él manejó su adicción bastante bien mientras estaba en la universidad porque en ese tiempo usaba el plan de memorizar versículos bíblicos de los Navegantes, sobre varios temas, incluyendo cómo vencer la tentación. Así que regresó al ejercicio de memorizar la Biblia durante los últimos meses. El está aprendiendo de memoria el libro de Juan y ha llegado al capítulo 7. "Si tengo dificultades para quedarme dormido", él nos dice: "En vez de fantasear, repaso los versículos. Si voy en mi automóvil y veo algo que me hace pensar en cosas que no debo, repaso los versículos. Una vez escuché una grabación de Chuck Swindoll y él explicaba que el apóstol Pablo dijo que las armas con las que luchamos los cristianos no son de este mundo, que la Palabra de Dios puede ser usada para destruir las fortalezas de Satanás y todo lo demás que se levanta en contra de Cristo.

Al usar la Escritura llevamos 'cautivo todo pensamiento a la obediencia a Cristo'".

Mi matrimonio ahora supera todas las fantasías que yo haya podido tener.

Otra cosa que está ayudando mucho a Kurt es que está desarrollando un nivel de confianza en Dios más profundo que nunca. "Finalmente he aprendido que las instrucciones de Dios para nosotros están en la Biblia por una razón", nos dice Kurt. "El realmente desea lo mejor para mí; Dios no hace las reglas arbitrariamente. Y cuando seguimos su plan y trabajamos para lograrlo, El nos sorprende con sus bendiciones y las consecuencias naturales que les siguen.

"Durante muchos años pensé que necesitaba suplir mis propias necesidades. Pero durante estos últimos meses he aprendido que mi relación con mi esposa puede suplir todas mis necesidades sexuales. Mi matrimonio ahora supera todas las fantasías que yo haya podido tener. Es mucho más satisfactorio tener al fin una relación monógama con Martha de lo que jamás había pensado. Para mí es un reto y me satisface; es maravilloso y vale la pena. Todas las cosas que pasé buscando durante años, la emoción y el escape, ahora comprendo que sólo las puedo encontrar comprometiéndome a satisfacer las necesidades de Martha. Cuando me concentro en ella, estoy totalmente satisfecho. Es algo sorprendente. Me hace desear alabar a Dios y darle las gracias por su plan maravilloso, y también darle las gracias que al final aprendí la lección. La lección estuvo siempre a mi alcance; finalmente me sometí y decidí aprenderla".

Evaluación personal

¿Qué cosa puede comenzar a hacer ahora para fortalecer sus defensas contra la tentación sexual por ejemplo, honestidad con su esposa, una amistad a quien rendirle cuentas, memorizar versículos bíblicos?

En el grupo

1. ¿Qué trató de hacer desde la sesión anterior para ser un mejor padre? ¿Cómo le fue?

2. ¿Cuáles son algunos de los ejemplos de la obsesión de nuestra sociedad con la pornografía? ¿Por qué existe esta preocupación?

3. ¿Cuán abiertamente se discutían las cosas sexuales en su hogar cuando era niño? ¿Cuándo y de quién aprendió sobre las relaciones sexuales?

4. Kurt le puso a su problema el nombre de adicción. ¿Está de acuerdo en que es una adicción o no? ¿Por qué?

5. Kurt declara que cree que probablemente siempre estará luchando con este problema. ¿Está de acuerdo con esto o piensa que él debiera poder conseguir la victoria una vez y para siempre? ¿Por qué? ¿Cómo se coteja la posición de Kurt con Romanos 7:7-25 y 2 Corintios 12:7-10?

6. Kurt sintió que debía contarle a su esposa sobre su problema. ¿Es eso siempre lo correcto? ¿Por qué sí o por qué no? ¿Qué medidas se deben tomar cuando se le informa a la esposa? (Vea el consejo que le dio su pastor a Kurt en este capítulo.)

7. ¿Es ésta una esfera problemática para usted? Si lo es, ¿cómo comenzaría a lidiar con ella? ¿Quién le pide cuentas en esta esfera?

Mi respuesta

Si soy totalmente honesto conmigo mismo, tendría que decir que mi vida sexual es _____

_____

Versículo para memorizar

"No os ha sobrevenido ninguna tentación que no sea humana; pero fiel es Dios, que no os dejará ser tentados más de lo que podéis resistir, sino que dará también juntamente con la tentación la salida, para que podáis soportar" (1 Corintios 10:13).

Capítulo 9

Introducción

A medida que lee la siguiente historia, verá que el mejor regalo que podemos hacerle a otra persona es darnos de nosotros mismos nuestro tiempo y energía. También podrá ver que cuando hacemos esto encontramos que nuestras propias necesidades son suplidas (ver Gálatas 6:7-10). Y si estamos heridos, este proceso puede comenzar nuestra sanidad.

Lo que hizo el hombre de esta historia no es algo extraordinario. Pero él estuvo dispuesto a que Dios lo usara en la vida de un niño, y Dios usó esa disposición para crear una amistad que los bendijo a ambos. A medida que lee la historia, considere los pequeños comienzos que El pueda desear que usted haga.

Un cumplidor de promesas permite que Dios lo use

S teven Isaacs tiene diez años de edad y es uno de esos niños que los expertos describen como que "está en peligro". Su mamá es divorciada, y en su juventud fue víctima de la violación y el incesto. Ella lucha para suplir las necesidades básicas del hogar. Aunque él ve a su padre con regularidad, un ex presidario, esa ralación tiene sus limitaciones. "Básicamente lo que he aprendido de mi papá", nos dice Steven, "es cómo hacer globos con los chicles y a comer galleticas Oreo".

Gene Gregory tiene treinta y un años de edad y se ha encontrado con algunas dificultades propias. El luchó al llegar a ser adulto para implementar los principios que aprendió durante su crianza cristiana con la realidad del mundo moderno de trabajo. Luego, sin poder encontrar un trabajo satisfactorio con el uso de su diploma en psicología, Gene regresó a la universidad para continuar una carrera completamente diferente. En este punto, su historia comenzó a entretejerse con la de Steven.

Durante el verano de 1993, Steven y su mamá, Bárbara, escucharon por primera vez sobre los Cumplidores de Promesas mientras escuchaban una transmisión radial de Enfoque a la Familia. "Me gustaría asistir a esa conferencia en Boulder", le dijo Steven quien a la sazón sólo tenía nueve años de edad. Ella dejó pasar el comentario creyendo que era algo impulsivo, inclusive una reacción predecible de un niño que quiere aprovechar una oportunidad de visitar la sede de su amado equipo, los Búfalos de la Universidad de Colorado, tan sólo a unos kilómetros de su casa en Denver.

Ambos habían comenzado a escuchar programas de radio cristianos después que Bárbara hiciese un compromiso personal con Cristo unos meses antes. Steven había aceptado a Jesucristo como su Salvador antes que su mamá. Después de leer las historias bíblicas que él recibiese como parte de su programa de estudio escolar en la casa, él le había entregado su corazón al Señor durante un culto de Navidad en una iglesia local.

Por causa del nuevo interés de su hijo en las cosas espirituales, Bárbara había comenzado a asistir a la iglesia con él. Allí fue donde ella se involucró con un pequeño grupo de estudio bíblico, y poco tiempo después sintió la convicción de sus propias necesidades. Fue así que ambos encontraron ayuda práctica y ánimo espiritual para su vida cristiana recién comenzada del programa de radio del doctor James Dobson.

La conferencia de Boulder pasó sin que Bárbara le diera seguimiento al interés de Steven. Ellos escucharon a través de la radio local algunas de las entrevistas que transmitían en vivo. Cuando el doctor Dobson habló en la conferencia y dijo que todo hombre cristiano debiera tener la convicción de estar allí, Steven se volvió a su mamá y le dijo: "Yo tengo la convicción de que debo estar también allí".

De nuevo la mamá esperó que el interés de Steven pasase, pero cuando él continuó hablando sobre esto en los meses siguientes, Bárbara llamó a la oficina nacional de los Cumplidores de

Promesas para preguntar sobre la posibilidad de que su hijo pudiera asistir a la conferencia de 1994. Le dijeron que la conferencia estaba diseñada para hombres, pero que los muchachos de 13 años en adelante podían asistir si eran acompañados por su padres.

Aun esa información no pudo detener a Steven. El decidió escribirle una carta a Bill McCartney, el entrenador de su equipo favorito de fútbol americano y fundador de los Cumplidores de Promesas, explicando su deseo de asistir a la conferencia. "No recuerdo exactamente lo que dije, y no hice una copia de la carta", nos dice Steven. "Pero fue algo como lo que sigue: 'Estimado entrenador McCartney: Tengo nueve años de edad, y he escuchado sobre los Cumplidores de Promesas por la radio. Me gustaría mucho asistir a la próxima conferencia, pero supuestamente uno tiene que tener 13 años. ¿Podría ir yo?' Luego añadí una posdata: 'Si yo no puedo asistir, confío que tenga una buena razón'.

"Recibí una corta nota que decía: 'Nos gustaría mucho que asistieses a la conferencia el próximo año con tu papá'. Con la nota me enviaron una camiseta de los Cumplidores de Promesas y más información sobre la organización. Y el día de mi cumpleaños, un hombre de la oficina de los Cumplidores de Promesas me visitó y me dio un libro autografiado del entrenador McCartney titulado *From Ashes to Glory*. Eso fue algo muy lindo".

Sin embargo, Steven estaba desanimado con la carta, porque él no creía que su padre, Peter, estuviera dispuesto a ir con él. Y aunque él dijera que iba a ir, Steven tenía sus dudas de que lo hiciera. "El vive tan sólo a unas cuadras de distancia de nosotros, con mis abuelos, así que lo veo con bastante frecuencia. Pero en muchas ocasiones él me dice que viene a verme o que vamos a hacer algo juntos, y luego cambia de opinión. Me llama y me dice: 'Surgió algo', o 'Tengo algo que hacer', o 'Voy a salir con unos amigos'. Cuando eso sucede, cuando llega tarde o no aparece porque sus planes cambiaron, usualmente me da un regalo la próxima vez que lo veo. Por ejemplo me compra alguno de mis juguetes favoritos. El piensa que las cosas compensan por el tiempo que no pasa conmigo, pero realmente no es así". Steven y Bárbara continuaron orando que de alguna forma Steven pudiera asistir a la conferencia de los Cumplidores de Promesas, que el Señor obrara en el corazón de Peter y estuviese dispuesto a asistir con su hijo. Cuando todavía faltaban algunas semanas para la conferencia, decidieron que era tiempo de hablar del asunto.

"Un día mientras estábamos juntos, mencioné al entrenador McCartney y lo que él estaba haciendo con los Cumplidores de Promesas", recuerda Steven. "Mi papá dijo que él había escuchado algo al respecto. Le dije que yo deseaba asistir a la conferencia y le pregunté si él estaba dispuesto a acompañarme. 'Ya tengo las dos entradas', le dije. El me respondió: 'Déjame pensarlo'. Pero la forma en que me respondió no me alentó mucho. La próxima vez que lo vi le pregunté de nuevo, y simplemente me dijo: '¡No, en absoluto!' Me dijo que iba a hacer otras cosas ese fin de semana, pero me di cuenta de que él simplemente no deseaba asistir".

> *"Mi papá piensa que las cosas compensan*
> *por el tiempo que no pasa conmigo,*
> *pero realmente no es así".*

Bárbara Isaacs, a diferencia de su hijo, nunca tuvo muchas esperanzas de que Peter le acompañase. Pero al notar el deseo tan grande de Steven de asistir a la conferencia de los Cumplidores de Promesas, ella estaba considerando otras opciones.

Ella había conocido a Gene Gregory durante los dos años que él y su esposa Tammy habían llevado a sus dos niñas de edad preescolar al programa de cuidado diurno de niños que tenía en su casa. De todas las familias a quienes ella cuidaba niños, que se decían ser cristianas, la familia Gregory parecía ser la que vivía mejor su fe. Bárbara había quedado muy impresionada con el compromiso de Gene de pasar tiempo con sus hijas aun cuando él trabajaba un turno completo e iba a la universidad para estudiar una nueva carrera. En un par de ocasiones, él también se había ofrecido para arreglarle algunas cosas en la casa.

Además, Gene parecía demostrar siempre un interés especial en Steven. Cuando él venía a recoger a sus hijas, si Steven había construido algo o había hecho algo de lo que se sentía entusiasmado, Gene tomaba uno o dos minutos para escucharle. En ocasiones él le hacía preguntas o dejaba que Steven le mostrara lo que había estado haciendo. Otros padres usualmente estaban de prisa cuando venían a recoger a sus hijos. Pero como Gene trataba a Steven con respeto y siempre le dedicaba un poco de tiempo, Gene le caía bien a Steven. Así que Bárbara comenzó a considerar la posibilidad de pedirle a Gene si estaría dispuesto a llevar a Steven a la conferencia de los Cumplidores de Promesas. "Por causa de lo que me sucedió cuando era niña, me es difícil confiar mi hijo a otra persona", admite Bárbara. "Pero yo conocía a Gene y a Tammy por casi dos años. Estaba impresionada por lo que había visto".

A modo de prueba, Bárbara le preguntó a Gene si él estaría dispuesto a ir con Steven a un programa de padre e hijos que su iglesia estaba ofreciendo para los niños preadolescentes sobre "El hombre cristiano y la sexualidad". Ella le dijo que sabía que Peter el padre de Steven, no estaría dispuesto a ir con él. Ella también sabía que ella y Peter ya no estaban de acuerdo en cuanto a los valores sexuales, así que ella deseaba que Steven recibiera algunas enseñanzas cristianas prácticas sobre el tema. Y Bárbara deseaba que su hijo tuviera un hombre cristiano con el cual pudiera hablar sobre cosas que quizás no se sentiría con libertad de discutir con su mamá.

Cuando Bárbara le pidió, Gene le contestó que él pensaba que era extraordinario que la iglesia tuviese un programa como ése para muchachos de la edad de Steven, e inmediatamente estuvo de acuerdo en asistir con él. El y Steven tuvieron una experiencia tan positiva durante las sesiones de estudio y jugando baloncesto durante los intermedios con los otros hombres y muchachos, que Bárbara decidió que le preguntaría enseguida a Gene si podía acompañar a Steven a la conferencia de los Cumplidores de Promesas. Lo poco que

Gene había escuchado sobre la conferencia le sonaba interesante. Así que cuando Bárbara le explicó el interés de Steven de asistir y la necesidad de la compañía de un hombre adulto, Gene no tuvo que pensarlo mucho antes de responder que iría. Inclusive insistió en pagar sus propios gastos. "Pensé que si significaba tanto para Steven, con mucho gusto lo complacería", dijo Gene.

"Después de todo, al proveer el cuidado diurno para mis hijas dos días por semana, su madre desempeña un papel importante en nuestra vida. Mi esposa y yo consideramos a la familia Isaacs casi parte de nuestra familia".

Gene sabía lo suficiente sobre la familia Isaacs como para darse cuenta de que habían pasado por momentos difíciles. El realmente admiraba a Bárbara por la forma en que estaba criando a Steven. Sabiendo lo difícil que es la tarea de padre aun cuando él compartía la responsabilidad con su esposa Tammy, sólo podía imaginarse el trabajo difícil que debía tener Bárbara siendo sola. Y al recordar el papel crucial que desempeñaron algunos hombres adultos en su propia vida cuando niño, Gene comprendió la necesidad de Steven.

"Yo aprendí las lecciones más importantes de la vida de mi padre y de mi tío. Ellos me enseñaron tanto con sus palabras como con sus ejemplos, los valores cristianos que ahora trato de vivir. Además me enseñaron todo tipo de habilidades útiles, como la importancia de trabajar duro, de ser responsable y de usar las manos para arreglar y hacer cosas. No sería la persona que soy hoy día si no fuera por el tiempo que invirtieron en mi vida".

Por este motivo él vio la petición de Bárbara como un honor y una gran responsabilidad. "Sin embargo, no tenía idea de cuánto significaría esa decisión para mí y para mi familia", comenta él.

Gene y Steven fueron en automóvil ida y vuelta de Denver y Boulder los dos días de la conferencia. "¡Qué experiencia tan increíble fue la conferencia de los Cumplidores de Promesas!", dice Gene. "El estar allí en ese gigantesco estadio, repleto de hombres cristianos era muy inspirador. Quizás porque yo estaba tratando de ver el evento a través de los ojos de Steven, pienso que me sentía tan emocionado y admirado como él. Obviamente él estaba impresionado por la dinámica de la multitud, los cantos y el espíritu de alabanza, y también lo estaba yo".

Gene también se sintió impresionado por el sentido de compañerismo y armonía en la multitud. "Yo formaba parte del personal de seguridad en la universidad, cuando había conciertos, así que he visto muchas multitudes. Esta era única en su clase". El se quedó sorprendido cuando un hombre dejó su sombrero y billetera en el suelo durante diez minutos, y al regresar nadie los había tocado. "Sé que eso por sí solo parece algo simple", nos dice Gene. "Pero cosas pequeñas como ésas son las que se añaden y forman un testimonio impresionante sobre la integridad".

A Steven le gustó mucho ver entrar a Chuck Swindoll al estadio montado en una gran motocicleta Harley-Davidson, y luego cuando vio a Gary Smalley que llegó a la plataforma montado en un pequeño triciclo. Sin embargo, Gene no estaba seguro de cuánto podía entender un niño de 10 años, de la enseñanza que se estaba dando allí. Sin embargo, mientras hablaban entre las sesiones y en el viaje de ida y vuelta a la conferencia, Gene se dio cuenta de lo perceptivo que era Steven y de cuánto recordaba de lo que los oradores habían dicho.

Con todo, Gene pensó que él recibió más del evento que Steven. Muchos de los oradores pusieron en palabras tantos de los sentimientos sobre la fe cristiana que él había tenido toda la vida, historias prácticas que le habían enseñado su tío y su papá.

"Recuerdo particularmente el reto que se nos puso como padres, que nuestros hijos son lo único importante que vamos a dejar en la tierra el día que muramos", dijo él. "Ninguna de las cosas que acumulamos o los reconocimientos que recibimos van a importar. Así que necesitamos cumplir nuestra responsabilidad de darles a nuestros hijos el tiempo, la energía y la seguridad que les muestre que son especiales. Y debemos enseñarles sobre Dios y lo que realmente significa tener una relación personal con Cristo, como también enseñarles a encontrar guía y consuelo en su Palabra".

Gene dice que asistir a la conferencia de los Cumplidores de Promesas con Steven llevó la relación de ellos a un nivel diferente. Se sintieron muy unidos. "Steven supo, sin que yo se lo tuviese que decir, que yo no estaba allí simplemente por acompañarlo", nos cuenta Gene. El pudo notar que esa experiencia significaba algo especial en mi vida, y yo pude apreciar que lo estaba impactando a él también de forma especial. Compartimos una experiencia espiritual poderosa, cosa que recordaremos por el resto de nuestra vida. El tener esto en común nos une de una manera especial".

Steven y Gene llegaban tarde cada noche. "Pero ambos se sentían en el séptimo cielo", recuerda Bárbara. "Llegaban tan animados de la conferencia que era divertido escuchar todo lo que deseaban contarme. Gene decía que el tener a Steven allí le había agregado mucho a la conferencia, especialmente la sesión en la cual Howard Hendricks habló sobre el impacto de los mentores".

"Me gustaría ser eso, un mentor para Steven", Gene dijo. Y en las semanas siguientes, eso comenzó a suceder. Gene dice que él no ha encontrado tanto tiempo como desearía para pasarlo con Steven, al menos no largos períodos". "El tiempo siempre parece algo difícil de separar", admite él. Pero ha encontrado algunas oportunidades, asegurándose de tomar un minuto o dos con el niño siempre que lo ve y buscando incluirlo ocasionalmente en las actividades de la familia Gregory, cuando hay una salida especial o una noche en la casa disfrutando de algunos juegos. En un par de ocasiones Gene y su esposa se han llevado a Steven un sábado, simplemente para darle a Bárbara algún tiempo sola. Y Gene sorprendió a Steven al llevarlo a un partido de fútbol de los Búfalos de Colorado.

"He descubierto que realmente no importa lo que estemos haciendo", nos dice Gene. "Por ejemplo, construimos un librero juntos para su cuarto. Pude enseñarles a Steven algunas cosas fundamentales sobre carpintería. No importa lo que hagamos juntos, lo puedo usar para enseñarle algo".

Gene también habla con Steven sobre los superhéroes con los que Steven juega. "Yo tenía mis propios superhéroes cuando era niño", nos dice Gene, "así que me puedo identificar con eso. Pero él sabe muy bien que los superhéroes son tan sólo fantasía, que solamente hay un verdadero Superhéroe, y es Jesús".

El pasar tiempo con Steven ha hecho que Gene se dé cuenta de que un varón necesita al menos un buen ejemplo. "Y debe ser un hombre", nos dice Gene. "La mamá de Steven es una buena madre, pero Steven es varón, y va a aprender a ser hombre, no de su mamá, sino de los otros hombres con los que se relaciona".

Ese mentor no tiene que ser perfecto, enfatiza Gene: "Por cierto que yo no lo soy". Pero sí debe ser alguien que sea honesto cuando las cosas se ponen difíciles en la vida, y alguien en medio de las dificultades no abandona sus creencias sino que sigue siendo fiel en su relación con su familia y con Dios.

> *"Steven va a aprender a ser hombre, no de su mamá, sino de los otros hombres con los que se relaciona".*

"Un niño necesita ver", Gene continúa, "que no importa lo que suceda, ese hombre va a apoyarse en Dios, porque eso es lo que lo va a sacar adelante. El necesita ver a un hombre que no esté eludiendo sus responsabilidades, que sea un trabajador alegre y que hace todas estas cosas porque es la mejor forma, porque da resultado, porque éstas son las cosas que mantienen marchando al mundo".

Gene está agradecido de que su propio padre y tío le dieron ese tipo de ejemplo. Cuando joven, en la vida de su papá hubo diferentes hombres que llenaban ese papel de mentor y le decían: "Tú puedes creer en esta verdad, ten fe en Dios, porque estas cosas no cambian y puedes contar con ellas en los días difíciles".

No hace mucho, cuando Gene estaba hablando con su padre, éste le dijo: "Sabes, Gene, cuando tú hablas de ese muchacho, Steven, me recuerda a mí a esa edad. Pienso en esos hombres que me tomaron bajo su tutela, y lo que eso significó en mi vida. Así que deseo decirte, hijo, que estás haciendo algo maravilloso".

"El hecho que mi papá me dijera eso, y me mostrara cómo Dios había llevado las cosas a un círculo completo, me hizo llorar", Gene nos cuenta.

Pero la aprobación de su padre no ha sido la única afirmación que Gene ha recibido. No mucho tiempo después del comienzo de su relación con Steven, Bárbara le dijo a Gene que su hijo le había confiado que si pudiera escoger a un hombre en el mundo para ser su papá, Gene estaría cerca del encabezamiento de la lista junto a James Dobson y Bill McCartney. Cuando escuchó esto, dice Gene: "No solamente me sentí halagado, sino que en ese momento comprendí la hermosa y maravillosa responsabilidad que tenía. Comprendí que necesitaba dedicarme a esta relación por largo tiempo. No podría nunca intencionalmente defraudar a Steven por causa de la forma en que él me ve".

Al mismo tiempo, Gene tiene cuidado de no tratar de reemplazar o criticar al papá de Steven. En realidad, él espera que el hecho de que es mentor de Steven pueda ayudar, de alguna forma, a acercar a Steven y a Peter. Y Bárbara dice que eso está sucediendo. Recientemente Peter le dijo que quería que Steven lo viera a él "como ve a Gene". Entonces Bárbara le dijo: "Gene se lo ha ganado siendo honesto con Steven, comunicándose con él, y estando disponible cuando Steven lo necesita".

Esa conversación parece haber hecho una impresión. Bárbara dice que en el pasado, la idea de Peter de pasar tiempo con su hijo era ver una película juntos, algo que no requería ninguna interacción. Pero eso está cambiando; él parece estar escuchando y prestando más atención ahora a Steven como persona. "Creo que la influencia obvia que Gene tiene en Steven ha hecho que su padre desee esforzarse más", Bárbara añade. "El ha estado tratando de mejorar su comportamiento. Todos estamos esperanzados y orando para que vaya con Gene y Steven el próximo año a la conferencia de los Cumplidores de Promesas. ¿No sería algo maravilloso?

Tanto Bárbara como Gene están maravillados por el impacto que esto continúa teniendo en Steven. Bárbara está tan impresionada que escribió una carta a los Cumplidores de Promesas, contándoles la historia y dejándoles saber la tremenda influencia que la organización había tenido en su hijo. Para demostrar cuánto Steven había aprendido de la conferencia, ella incluyó en su carta una copia de las notas que él tomó mientras escuchaba a los varios oradores. Steven había anotado:

No te burles de Dios.

No abandones a Dios.

Recoges lo que siembras.

No le des a Dios lo malo.

Haz un cambio de 180 grados.

Manifiéstate a favor de Jesús.

En los ojos del Señor somos uno.

Jesús viene.

Este es el momento.

La tierra está aquí, pero está ocupada.

Nosotros somos hombres de Dios.

Ahora es el momento.

Ten un mentor en tu vida.

Todo el mundo tiene un lugar.

Pasa lo mejor de tu tiempo con Dios.

Crecemos en la Palabra de Dios.

Las familias son la prioridad principal.

Ten un corazón santo.

Huye del pecado.

Acepta responsabilidades.

Rinde cuentas.

¿Estás pasando tiempo con Dios?

"Como pueden ver", escribió Bárbara, "Steven escuchó cuidadosamente y aprendió mucho".

Gene también ha quedado impresionado por la sensibilidad y comprensión de su joven amigo. Cuando fueron a un partido de fútbol Steven le comentó: "Sabe, algunas personas pasan tanto tiempo en el fútbol que descuidan a sus familias". En una ocasión cuando vieron un anuncio sobre su automóvil nuevo, Steven dijo: "Es necesario tener un buen auto que marche bien, pero gastar tanto dinero en un auto ... Bueno hay muchas otras cosas más importantes que se pueden hacer con el dinero, como ayudar a otras personas".

Gene mueve la cabeza y dice: "El sale con cosas como ésas todo el tiempo. Siempre está pensando. Se preocupa por la condición espiritual de su papá, y ahora que su abuelo tiene cáncer, Steven se preocupa sobre el tiempo que su papá está pasando con su abuelo. Me hace sentir orgulloso verlo crecer".

Bárbara se ha sentido tan conmovida con el obvio compromiso de Gene hacia su hijo, que le preguntó si estaría dispuesto a ser el custodio legal de Gene si algo le pasara a ella. Ella se preocupa de que Peter aún no sea lo suficiente responsable como para criar a un hijo él solo. Y ella sabe que ni él, ni ninguno de sus otros familiares comparten sus valores cristianos o tendrían un verdadero compromiso para ayudar a Steven en su crecimiento espiritual.

Gene le dijo que él hablaría con Tammy, pero él sabía aun antes de hacerlo cuál sería la respuesta de ella. Tammy también ha crecido con un sentido de valores fuerte en cuanto a la familia y ella apoyaba lo que Gene estaba tratando de hacer por Steven. Puesto que veía el sentimiento de logro que su esposo recibía de la relación con Steven, ella no resintió el tiempo que Gene invirtió en ese niño. En realidad, su relación fue un factor que enriqueció a toda la familia Gregory. No sólo el compromiso de Gene hacia Steven lo ha hecho más considerado como padre para sus hijas, sino que Steven se ha convertido en un amoroso "hermano mayor" para las niñas. Bárbara a su vez se ha convertido en miembro honorario de la familia Gregory, y ambas familias cenan juntas por lo menos una vez al mes.

"Después que Tammy y yo hablamos, le dije a Bárbara que yo esperaba que ella viviera más que yo", Gene cuenta. "Pero también le dije que me sentía honrado con su petición y que estaría contento de servir como el custodio de Steven si esa necesidad surgiera algún día. Yo me daba cuenta de que ésa podría ser una tremenda responsabilidad, pero me sentía contento de haberla aceptado. Me he beneficiado ya tanto de mi relación con Steven. El se preocupa por mí, está al tanto de lo que me pasa y me escucha. Además, yo puedo ver un poco de mí mismo en él, y eso es divertido. Recibo la satisfacción de poder decirle las cosas que me hubiera gustado que alguien me dijera cuando tenía su edad. Le enseño las lecciones que mi padre me enseñó y que han hecho una diferencia en mi vida. Yo no tengo que ser el padre de Steven, sólo su amigo, y eso es lo que él necesita".

Gene concluye diciendo: "Si yo pudiera decirle algo a otro hombre sobre ser mentor, sería que las recompensas sobrepasan los costos. El saber que se está haciendo una diferencia en la vida de un joven es una recompensa sin medida. Sé que tengo el respeto y la admiración de Steven, y aunque es algo que no merezco, constituye un regalo maravilloso".

Evaluación personal

Lea cada una de las siguientes declaraciones y luego, en una escala del 1 (totalmente en desacuerdo) al 10 (totalmente de acuerdo) califique sus respuestas:

_____ 1. Tiendo a vivir teniendo presente las necesidades de los demás.

_____ 2. Yo nunca pudiera ser mentor del hijo de otra persona.

_____ 3. La idea de compartir mi vida con otra persona me hace sentir incómodo.

_____ 4. El padre de Steven debiera tomar responsabilidad para que Gene pueda concentrarse en sus propios problemas.

_____ 5. Pienso que puedo hacer una diferencia con mi vida.

_____ 6. Tengo suficientes preocupaciones propias en qué ocuparme.

_____ 7. Tengo dificultades definiendo dónde y cómo puedo hacer una diferencia.

En el grupo

1. ¿Cuál fue su tentación mayor en la esfera de la pureza sexual la semana pasada? ¿Cómo la manejó?

2. ¿Cuáles de las características de Steven valen la pena emular? ¿Por qué?

3. ¿Qué temores o dudas piensa usted que Gene tuvo que vencer para buscar la amistad con Steven? ¿Qué temores pudiera haber tenido la esposa de Gene? ¿Sus hijas? ¿La mamá de Steven?

4. ¿Cómo podemos desarrollar una mentalidad que busque suplir las necesidades de los demás?

5. Efesios 3:20 dice que Dios es poderoso para hacer mucho más de lo que pedimos y aun entendemos. ¿Cree usted realmente que Dios pudiera usarlo como a Gene, más allá de lo que usted pudiera anticipar? ¿Por qué sí o por qué no?

6. ¿Necesita dedicarse más a su propio hijo? ¿Por qué sí o por qué no? ¿Qué diremos de un nieto?

7. Nombre a una persona joven que no sea de su familia inmediata, (el hijo de un amigo, vecino o de una persona de su iglesia que no tiene cónyuge), con el cual pudiera tener amistad.

8. Cierre la sesión orando a Dios para que ayude a cada miembro del grupo a ver cómo El desea usarlos en la vida de otra persona.

Mi respuesta

Algo que he aprendido de esta historia y discusión es_____

_____

Un paso inicial que pudiera dar esta semana para alcanzar a una persona joven (refiérase al No. 6 ó No.7 mencionados anteriormente) es _____

_____

Versículo para memorizar

"Y a Aquel que es poderoso para hacer todas las cosas mucho más abundantemente de lo que pedimos o entendemos, según el poder que actúa en nosotros..." (Efesios 3:20).

Capítulo 10

Introducción

En algunos pueblos pequeños de Nueva Inglaterra, la atracción turística más popular es el cementerio local. A medida que camina y lee las lápidas que datan de más de cien años, encontrará leyendas humorísticas (aparentemente escritas por cónyuges poco generosos), palabras tristes que dicen de la muerte de un hijo u otro ser querido, y mensajes serios con significados profundos.

¿Se ha preguntado en alguna ocasión qué será escrito en su lápida? Cuando usted muera, ¿cómo habrá usado la vida que Dios le confió? ¿Qué le motivó día tras día? ¿Ha sido un deseo de ser querido o de ser feliz? ¿Dirán las personas que usted tomó todo lo que pudo?

Para nosotros los cristianos, Dios tiene un plan diferente. El dice que es al dar que recibimos, y que al perder ganamos. ¡Qué idea original! En vez de vivir vidas egoístas, Dios nos llama a vivir centrados en los demás. Y cuando aceptamos ese llamado, es increíble lo que El puede hacer y hará a través de una persona o de una iglesia para alcanzar a un mundo herido.

Un cumplidor de promesas ejerce influencia en el mundo

Todo comenzó de una forma sencilla un domingo después del servicio de adoración. Un hombre que visitaba la iglesia por primera vez se presentó y presentó a su familia al Pastor Van Roland, de Portland, Oregón. Joe le dijo al pastor que había sido trasladado a Portland por una organización cristiana local que estaba interesada en establecer una casa donde pudieran vivir personas con SIDA.

"En el instante que escuché eso, algo tocó mi corazón", nos dice Van, "y le respondí: 'Eso es algo de lo que me interesaría saber más'".

Poco tiempo más tarde, los dos hombres se reunieron para almorzar, y Joe le dio más detalles sobre su visión de un lugar residencial, una casa para siete u ocho personas que estuvieran enfermas de SIDA y donde pudieran vivir (y morir) con dignidad, y ser cuidadas en un ambiente amoroso. Van dijo que él lo ayudaría en cualquier forma que pudiera.

El no tenía idea cómo ese ofrecimiento amistoso iba a cambiar su ministerio, su iglesia y su vida.

Un par de semanas más tarde, Joe lo llamó y le preguntó: "¿Está listo para involucrarse en este asunto?" El siguió diciéndole a Van que había hecho una cita para visitar un hogar secular para personas con SIDA, y se preguntaba si desearía acompañarlo. Van le dijo que iría.

Mientras tanto, el periódico de Portland publicó un artículo sobre los planes que la organización de Joe tenía para construir una vivienda para personas con SIDA como.parte de un ministerio cristiano. En respuesta a ese artículo, Joe recibió una llamada de una señora que deseaba saber cuándo se abriría esa vivienda.

Cuando Joe le dijo que la apertura no sería sino varios meses después, ella le respondió: "Qué lástima, porque mi hermana Cindy, que ha sido misionera en Australia, está muriendo de SIDA. Yo tenía esperanzas de poderla instalar en un ambiente cristiano, porque el hogar donde está ella ahora no es cristiano".

Cuando él supo el lugar donde estaba la hermana de esa mujer, Joe le dijo: "Qué coincidencia, tengo una cita para visitar esa vivienda mañana, voy a ir con un pastor local".

La mujer le preguntó el nombre del pastor, y cuando escuchó que era "Van Roland", no podía creerlo. Ella había asistido unos 10 años atrás a una iglesia en otra ciudad que pastoreara Van Roland.

"Veremos a su hermana mañana", Joe le prometió.

La mujer, emocionada, le dio las gracias, considerando esto como una respuesta a sus oraciones por su hermana.

Cuando llegaron Joe y Van al otro día al hogar de personas con SIDA, la mujer había llamado y puesto sus nombres en la lista de visitantes para su hermana. Así que fueron a su habitación.

Se notaba a las claras que Cindy estaba en un estado avanzado de SIDA. En una ocasión una mujer alta y fuerte, ahora estaba reducida a piel y huesos. Había perdido la mayor parte del cabello y mostraba úlceras abiertas. También estaba experimentando demencia. Ella les habló a sus visitantes sobre sus tres hijos, pero no pudo recordar las edades de ellos (16, 14 y 9). Mi esposo murió dos años atrás como resultado del SIDA contraído por el uso de drogas intravenosas cuando era inconverso", les contó ella.

"No era agradable mirar a Cindy", nos cuenta Van, "pero el Señor me dio amor por ella desde el comienzo. Y quizás porque yo era pastor, ella se acercó a mí de inmediato. Yo le impuse manos y oré por ella. Entonces le di un abrazo, y le prometí que sería su pastor desde ese momento en adelante, que la visitaría y trataría de apoyarla".

Van visitó a Cindy regularmente por el resto de los cuatro meses que ella vivió. El se sentaba y hablaba con ella. En ocasiones ella se sentía cansada, así que le ayudaba a recostarse, la cubría con una manta y le leía la Biblia hasta que se quedaba dormida. El oraba por ella y sus hijos. "En ocasiones ella no se despertaba ni sabía que yo todavía estaba allí", cuenta Van. "Pero yo me sentaba al lado de su cama un rato, la observaba y oraba por ella".

Una de las primeras veces que Van la visitó, él notó que Cindy tenía un aparato de discos compactos. Después de examinar su pequeña colección, él le preguntó si a ella le gustaría alguna buena música de alabanza. "Eso sería maravilloso", ella le respondió. Así que Van fue a una librería cristiana de la localidad y explicó la situación y el administrador le donó un disco compacto que se convirtió en una fuente de consuelo para Cindy y su familia en los últimos meses de su vida.

"Así fue como comenzó para mí", nos dice Van, explicando que el tiempo que pasó con Cindy en esos pocos meses fue en todo sentido una bendición tanto para él como para ella. "Me encaminó en un sendero que nunca esperé transitar mientras me iba convenciendo de que el Señor deseaba que me involucrase en el ministerio a las personas con SIDA e influyera a otros para que también se involucraran".

Van comenzó a hablar en su iglesia sobre la necesidad y oportunidades para el ministerio a las personas con SIDA. El animó a las personas a apoyar de forma especial el proyecto de Joe del ministerio del hogar cristiano para personas con SIDA, porque no había nada parecido a esto en esa parte de la nación.

Una pareja de la iglesia de Van asistió a la primera reunión informativa. Dado que su pastor y su iglesia estaban tomando una posición tan compasiva, ellos trajeron a la reunión a un hermano, Frank el que estaba recluido a una silla de ruedas por estar en las últimas etapas del SIDA. Van le preguntó si él tenía pastor, y cuando Frank le dijo que no, Van le respondió que él estaría gozoso de ser su pastor.

Así que Van comenzó a visitar a Frank en el mismo hogar de grupo que había estado Cindy. Frank continuó debilitándose más y más. "En ocasiones yo deseaba leerle un pasaje de la Escritura, pero él me respondía que no se sentía como para eso", Van nos dice. "Así que le respondía: 'Está bien, Frank'. Después de todo, yo estaba allí para ayudarlo, no para sentirme yo bien".

Un día cuando Van supo que a Frank le quedaba poco tiempo de vida, lo llevó en la silla de ruedas afuera, a una terraza donde pudieran estar a solas. "Allí disfrutando del sol, yo le conté alguna de las cosas en las que estuve involucrado antes de ser cristiano", nos cuenta Van.

"¿Sabes una cosa?", Frank le preguntó. "Eso me hace como usted".

"¿Qué quiere decir?", le preguntó Van.

"Porque pienso que puede entender mejor el que yo haya sido homosexual". Y luego le hizo la pregunta que Van había deseado que le formulara por tanto tiempo: "¿Qué lo hizo cambiar?"

"Yo le conté mi testimonio de cómo había llegado a Cristo", nos cuenta Van. "Cuando terminé le pregunté: 'Frank, ¿le gustaría saber con seguridad en su corazón que Cristo le ama, que es de Él, y no tener duda en cuanto adónde irá cuando muera?'"

Frank asintió con la cabeza, y Van tomó su frágil mano. Con su otra mano, Van comenzó a alisarle el cabello a Frank.

"Yo deseaba que él supiera que yo no tenía temor de tocarlo a pesar de las llagas que tenía en la cara y el cuerpo", nos cuenta Van. "Oramos juntos, y cuando terminamos, él tenía grandes lágrimas en los ojos. Yo le dije: 'Frank, ahora es mi hermano en Cristo. Cuando se vaya, irá delante de mí a la presencia de Jesucristo'".

"Yo lo creo", Frank respondió. Tres días más tarde, murió.

Durante esos primeros meses de ministerio a personas como Cindy y Frank, un fin de semana Van asistió a una conferencia de Cumplidores de Promesas en Boulder, Colorado. Esa experiencia intensificó su creciente convicción sobre involucrarse él y su iglesia en el ministerio a personas con SIDA. El vio aplicaciones directas en el principio fundamental de los Cumplidores de Promesas sobre la unidad.

El explica: "Si nosotros como iglesia (universal y en nuestras congregaciones locales) verdaderamente deseamos ser el cuerpo viviente que Jesús desea que seamos, entonces las paredes denominacionales, las paredes raciales y todas las otras paredes que hemos edificado para separarnos el uno del otro tienen que ser derrumbadas.

> *"Si verdaderamente deseamos ser el cuerpo viviente que Jesús desea que seamos entonces todas las paredes que hemos edificado para separarnos el uno del otro tienen que ser derrumbadas".*

"Yo pienso que eso es lo que sucedió en la iglesia primitiva, porque allí nadie era excluido. El mundo lo notó y dijo: '¿Qué sucede con estos cristianos?' Y como resultado, el Señor añadió a la iglesia diariamente 'a los que habían de ser salvos'. Necesitamos abrir las puertas de nuestras iglesias hoy día e invitar a las personas a entrar diciéndoles: 'No nos importa quién eres, o lo que has hecho, tu trasfondo religioso, el color de tu piel o si eres homosexual. Si deseas conocer a Dios, si deseas crecer espiritualmente éste es el lugar para ti.

Serás amado, y nos ocuparemos de ti. Las personas lo notarán y serán atraídas con esa clase de actitud".

Eso fue lo que comenzó a suceder en el caso de Van Roland y de su iglesia llamada *Seven Hills Church*. A medida que se acercó el momento para la apertura oficial del nuevo hogar cristiano para pacientes con SIDA, Joe le pidió a Van que fuese un voluntario en el cuidado del hogar y que entrenase a otros. Varias personas de su congregación se ofrecieron de voluntarias mientras toda la iglesia captaba la visión de alcanzar a la comunidad local en una forma que ninguna otra lo estaba haciendo. "A medida que el Señor ponía la carga en mi corazón", nos cuenta Van, "El también comenzó poniéndome en contacto con otras personas que deseaban ministrar o ser ministradas, tanto dentro como fuera de nuestra congregación".

Van conoció a una mujer cuyo hijo había muerto de SIDA, hacía cinco años. Ella y su esposo habían formado una organización para ayudar a personas cuyos seres queridos habían contraído el SIDA o eran portadores del virus HIV. ¿Podría su iglesia proveerles un lugar donde pudieran reunirse grupos de apoyo cristianos a familiares de personas con SIDA? ¿Y estaría él dispuesto a ayudarle a dirigir el grupo? Van le respondió que sí a ambas preguntas.

Una noche, algunas semanas más tarde, Van recibió una llamada de Charlie, un miembro prominente de su iglesia, un hombre joven, dinámico, profesional, que era activo en un ministerio de música cristiana. El le pidió a Van: "¿Podrían usted y su esposa venir a reunirse con nosotros esta noche? Yo he estado enfermo en los últimos días y he perdido mucho de peso. También acabo de regresar del consultorio del médico, y me gustaría hablar con usted".

Mientras colgaba el auricular, Van supo lo que su amigo le iba a decir. El le comentó a su esposa Helen: "Creo que Charlie tiene SIDA". Helen sólo lo miró con incredulidad.

Cuando Van y Helen entraron por la puerta principal de la casa de Charlie y Kim poco tiempo más tarde, las sospechas de Van fueron confirmadas de inmediato. "Cuando vi la mirada seria en sus rostros y la mirada de dolor y casi de terror en los ojos de Kim, supe sin lugar a dudas lo que me iban a decir. Habían regresado del consultorio del médico hacía menos de dos horas. El doctor les había dicho que tomaría de 10 a 12 días para que el resultado de los exámenes llegara, pero que él había hecho su internado en San Francisco y que no tenía dudas sobre el diagnóstico".

Charlie le dijo a Van que después de escuchar las enseñanzas sobre el ministerio a personas con SIDA, y al ver la forma en que había respondido la iglesia, Van había sido la primera persona que llamó. "Para este entonces, todos estábamos llorando y abrazándonos", Van nos cuenta. "Y Charlie continuó diciendo que a él le gustaría decir esto públicamente a toda la congregación 'porque sé cómo voy a ser tratado; sé cómo voy a ser aceptado'"

Van le aseguró a Charlie y a Kim que él iba a hacer todo lo que le fuera posible para apoyarlos en esa decisión. Pero primero necesitaban decírselo a sus familiares, y antes de eso ellos necesitarían la confirmación de los exámenes de sangre de Charlie.

Van le dijo a Kim que ella también debía hacerse exámenes de sangre. Ella no había pensado en eso. Van les dijo que si ellos lo deseaban, él y Helen los acompañarían al médico cuando tuvieran los resultados listos. Durante las próximas dos semanas, Van estuvo en contacto diario con Charlie y Kim. Ellos hablaban por teléfono, o él pasaba por su casa y tomaban una taza de café o simplemente hablaban un rato.

Cuando Charlie le preguntó a su doctor si estaba bien que su pastor le acompañase a buscar los resultados, el doctor le dijo que estaría bien. Pero también expresó su sorpresa, diciendo: "Yo nunca he visto algo así, que un pastor acompañe a alguien en una circunstancia como ésta"."¡Bueno, ése es el tipo de iglesia a la que asisto!", Charlie le respondió.

El doctor no pudo ocultar su asombro cuando finalmente llegó el día y Van acompañó a Charlie y Kim. Van le dijo doctor sobre la involucración de él y su congregación en ministerio a personas con SIDA. "Pude notar mientras hablébamos, que nuestra conversación estaba derrumbando algunas paredes y destruyendo algunos estereotipos que parecía tener el médico sobre los cristianos evangélicos", Van dice. "Y recuerdo que sonrió y dijo: 'Es bueno oír esto. Estoy muy contento de saber el tipo de apoyo emocional y espiritual que Charlie va a recibir de su iglesia'".

Entonces el doctor le dijo a Charlie que el examen de SIDA había resultado positivo. Van miró a Charlie de inmediato y apretó su mano. Luego apretó la mano de Kim. "Charlie lo tomó bien", nos cuenta Van. "El tuvo mucho valor. Sólo dijo: 'Bueno, yo estaba preparado para esto'".

El doctor fijó la próxima cita y le dijo a Charlie que él recomendaba comenzar tratamiento con la droga anti-HIV, llamada AZT. Luego Charlie, Kim y Van salieron juntos del consultorio del doctor.

Al llegar al estacionamiento Kim se echó a llorar. "Yo me sentí casi como un padre", Van nos dice. "Los rodeé con mis brazos y Kim lloró y lloró. Entonces Charlie comenzó a expresar su preocupación por Kim, cosa que fue sorprendente. El le aseguró: 'Vamos a pasar esta prueba juntos'".

Van dijo: "Charlie, tienes que ser honesto conmigo ahora. Si esto es difícil para ti, no simules estar bien".

"No, no estoy simulando", contestó Charlie. "Yo siento la fuerza de Dios. Me siento apoyado, y con su presencia aquí hoy, la carga es más liviana".

Van recordó en esos momentos las palabras de Pablo animando a los creyentes cuando les dijo: "Sobrellevad los unos las cargas de los otros, y cumplid así la ley de Cristo". Van dijo: "Es algo misterioso, pero realmente sucede. Cuando oramos con alguien, cuando estamos presentes y apoyamos a alguien en una situación como ésta, la carga imposible de llevar se distribuye entre todos los hombros. Eso fue lo que estaba sucediendo en el caso de Charlie. El no necesitaba sentir el peso de esto solo. Era realmente mi privilegio como pastor ayudarle a sobrellevar su carga".

Afortunadamente los resultados de Kim regresaron negativos. Y pocos días después, Van y Helen se sentaron con Charlie y Kim en la sala de ellos mientras la joven pareja compartía la noticia con sus padres y hermanos. "Ellos recibieron un apoyo sobrecogedor de sus familiares", recuerda Van. "Mientras todos nos abrazamos y lloramos juntos les aseguré a sus padres que deseábamos ayudarles en el cuidado de sus hijos, y que a Charlie y Kim no les faltaría apoyo o amor de sus amigos de la iglesia".

Sin embargo, antes de darle la noticia a la congregación, Van consultó a un abogado. Por causa de las leyes que protegen los derechos de no divulgar la condición de una persona con HIV o SIDA, él sabía que necesitaba obtener un permiso de declaración legal, antes de revelar públicamente esta información; de otra forma, la iglesia pudiera estar sujeta a multas federales. Hecho esto, se hicieron los arreglos para decírselo a la congregación.

El domingo señalado, los padres y los hermanos de Charlie viajaron desde Minnesota y se sentaron en la primera fila. Al final del servicio, una declaración cuidadosamente redactada fue leída a la congregación. Decía que por causas de decisiones hechas años atrás en su estilo de vida, Charlie había sido diagnosticado HIV positivo. Charlie ya ha recibido el perdón del Señor por ese comportamiento, el cual había abandonado mucho tiempo atrás. Además el equipo pastoral estaba apoyando cien por ciento a Charlie y a Kim, y por causa del tipo de iglesia a la que ellos pertenecían, Charlie y Kim deseaban que su familia de la iglesia supiese la situación. Charlie no deseaba esconder (tampoco sentía que debía esconder) este hecho, y él deseaba continuar con las actividades normales de su ministerio en la iglesia.

"Cuando terminamos de leer la declaración", continúa Van, "sin ninguna señal, toda la congregación de alrededor de 1.200 ó 1.300 personas que había allí ese día se pusieron de pie y no sé por cuánto tiempo aplaudieron a Charlie y a Kim. Se podía sentir la bendición de Dios, como si Dios estuviese diciendo: 'Me complazco en esto'. La sensación fue increíble".

Entonces, llamaron a Charlie y Kim y se pararon al frente
con el equipo pastoral. "Aquellos de ustedes que son amigos·
cercanos de Charlie y Kim", dijo Van, "deseamos que vengan
hacia adelante, y vamos a orar por ellos y por su familia". No
había suficiente espacio para las personas que pasaron al
frente. Después de orar, dijo Van: "Si alguien desea venir a
afirmar personalmente su apoyo a Charlie y a Kim, deseamos
darle la oportunidad de hacerlo ahora".

Así que formaron una línea y las personas pasaron durante
una hora. "Cerramos el servicio", nos dice Van, "pero las
personas estaban sentadas. No deseaban irse. Se sentía la
presencia de la gloria y el amor del Señor. Algunas personas
se abrazaban, y otras hablaban. Había aún personas en el
edificio a las 2:00 de la tarde".

En un punto dado, Van miró a la congregación y vio a un
joven cuya esposa asistía al grupo de apoyo. Van había estado
tratando de hacer contacto con ese joven por algún tiempo.
El hombre tenía SIDA pero no había estado dispuesto a
decírselo a nadie, y no había asistido a la iglesia en un año.
Dio la "casualidad" que él estaba en el servicio ese día. Van
notó que él estaba observando la escena con asombro.

Al día siguiente, él llamó a Van para preguntarle: "¿Ven-
drían usted y su esposa a nuestra casa a cenar? Deseo hablar
con usted".

Van y Helen aceptaron la invitación, y de esa cena se ha
desarrollado una fuerte amistad. Van está dedicándole tiempo
a este hombre, "y desde entonces él ha estado asistiendo a la
iglesia", nos dice Van. "Hace unos días, él asistió a su primera
reunión del grupo de apoyo con su esposa".

"Muchas personas han compartido cosas
íntimas de sus vidas porque sienten que ahora
pueden ser vulnerables en nuestra iglesia".

En el primer servicio de la noche después que Charlie
revelara su estado, un líder laico llamó aparte a Van, y con

lágrimas en los ojos le dijo: "Sabe, al principio de usted involucrarse en el ministerio a personas con SIDA, yo pensé" *Eso está bien para el pastor Van. Eso probablemente es algo que él siente que tiene que hacer.* Pero al mirar hacia atrás en los últimos meses, las cosas que ha enseñado, el apoyo de la iglesia y la involucración con el hogar de enfermos de SIDA, el grupo de apoyo y ahora, aquí están Charlie y Kim con esta necesidad. Dios ha estado preparando a nuestra iglesia, ¿no es verdad?"

"Tiene razón", le dijo Van. "Esto es mucho mayor que usted y yo".

Como resultado del anuncio de Charlie y Kim, la congregación se ha vuelto *más* seria en cuanto al ministerio a personas con SIDA.

Más de 30 personas han sido entrenadas como ayudantes voluntarios para trabajar en el hogar cristiano para enfermos de SIDA. La asistencia promedio a los grupos de apoyo ha aumentado a alrededor de 20. La iglesia está rompiendo los estereotipos (en ocasiones justamente merecidos, nos dice Van) "de que nosotros los cristianos nos sentamos en nuestras cómodas bancas tras las puertas que nos protegen como un fuerte criticando sin ton ni son a todas las personas y cosas en el mundo que no nos gustan".

Van declara: "Ha sido algo increíble. Cuando alcanzamos al mundo con amor, cuando nos extendemos hasta ese punto lejano, es como extender una gran tienda. Cuando decimos: 'Vamos a apoyar a las personas enfermas de SIDA, y amarlas y cuidar de ellas', estamos extendiendo la tienda para abarcar a muchas otras personas en el proceso.

"Desde ese domingo cuando presentamos la situación de Charlie y Kim a la congregación, he recibido llamadas telefónicas, he recibido facsímiles y he hecho muchas citas. Muchas personas han compartido cosas íntimas de sus vidas porque sienten que ahora pueden ser vulnerables en nuestra iglesia".

Una mujer vino y le dijo a Van que había tenido tres abortos y que estaba tomando cocaína, pero que ahora deseaba arreglar su vida con Jesucristo. Un hombre que era miembro prominente de la iglesia, le dijo a Van que él estaba resolviendo un problema con la homosexualidad y estaba buscando asesoramiento. Van le dio un abrazo y le dijo: "¿Sabes una cosa? Ahora le amo más".

"¿De veras?", le preguntó el hombre.

"Sí, porque ha depositado gran confianza en mí", le dijo Van.

"Hay tantas necesidades", dice Van "cometemos un serio error cuando pensamos en ellos como 'de afuera', porque muchas veces están en nuestras iglesias. El SIDA es tan sólo una de las necesidades, pero el Centro de Control de las Enfermedades estima que uno de cada 250 norteamericanos es HIV positivo y aún no lo sabe porque tiene un período de incubación de 7 a 10 años. Existe aún un mayor número de personas de nuestras iglesias cada domingo que sufren por otras cosas, y no revelan su dolor por temor al aislamiento o a ser juzgadas con dureza. Si extendemos nuestras tiendas lo suficiente como para cubrirlas a todas con el amor de Dios, y rompemos todas las barreras, nuestras iglesias cambiarán".

De acuerdo a Van hay también ramificaciones personales cuando se realiza este tipo de ministerio. Como resultado de su experiencia en meses recientes, él dice: "Ya no soy el mismo hombre que era un año atrás. Siempre sentí que era compasivo, y que amaba a mi congregación. Pero Dios me ha mostrado que necesito amar aun más y alcanzar aun más lejos si voy a ser el hombre que El desea que yo sea. Si estoy dispuesto a hacer eso, El cambiará mi vida y me ayudará a crecer espiritualmente. "Dios ha estado enseñándome que alcanzar a otros debiera convertirse en un reflejo involuntario. ¿Sabes?, como cuando se da un martillazo en el pulgar, y de momento le duele tanto, que todo el cuerpo se concentra en el dolor de dedo. Yo estoy convencido de que solamente cuando comencemos a reaccionar instintivamente al dolor que hay en el mundo que nos rodea, es que comenzaremos a ser el cuerpo de Cristo tal como El quiere que sea su cuerpo".

Evaluación personal

La idea de darle un abrazo a una persona que no sea un miembro de mi familia, que está muriendo de SIDA me hace sentir _____

_____

En el grupo

1. ¿Tomó el primer paso para alcanzar a alguien según lo que respondió en la sección "Mi respuesta" de la última sesión? Si lo hizo, ¿qué sucedió? Si no lo hizo, ¿Cuándo lo hará?

2. ¿Qué individuo o grupo de personas encontraría que es difícil ministrarles? ¿Por qué?

3. ¿Cómo piensa que su iglesia respondería a la idea de un ministerio de enfermos de SIDA? ¿Un ministerio a los que viven en la calle? ¿Por qué?

4. ¿En qué formas ya está buscando hacer una diferencia en el mundo a su alrededor?

5. ¿Cuáles son algunas de las necesidades específicas, que en estos momentos no se suplen, en su comunidad, y que usted podría ayudar a suplir? ¿En qué forma se podría involucrar su iglesia?

6. Si un compañero cristiano tuviera dudas en cuanto a involucrarse en algún tipo de alcance a la comunidad, ¿qué pasajes de la Escritura usaría para mostrarle que tal alcance le agrada a Dios?

Mi respuesta

Una lección que aprendí de esta historia es _____

_____

Un área de alcance que creo que Dios quiere que yo explore es _____

_____

Versículo para memorizar

"El Rey, les dirá: De cierto os digo que en cuanto lo hicisteis a uno de estos mis hermanos más pequeños, a mí lo hicisteis" (Mateo 25:40).

Capítulo 11

Introducción

La historia de Bud Schaedel, dicha primero en forma breve en la conferencia de los Cumplidores de Promesas en Anaheim, California, en l994, resume muchos de los elementos de lo que significa tener principios y ser un hombre de integridad en toda situación y relación. Bud no hizo algo espectacular, sino que más bien, día a día simplemente escogió honrar a Dios amando a su esposa, sirviendo a su pastor, estudiando la Biblia, y animando y retando a sus hermanos cristianos a ser también cumplidores de promesas. Sin embargo, el impacto de su vida sólo será conocido plenamente en el cielo.

A medida que lee esta historia, narrada aquí en detalles por primera vez, de un hombre corriente con un Dios extraordinario, póngase a pensar en cómo ese mismo Dios Todopoderoso desea usarlo a usted.

Un cumplidor de promesas honra a Dios por sobre todas las cosas

Es posible que tenga un linfoma, Bud", le dijo el doctor con el ceño fruncido. "Me gustaría que viera a un especialista en cáncer en el Centro Médico Cedars Sinai en Los Angeles". Bud Schaedel era uno de esos hombres que había sido bendecido con una vida llena de buena salud. En raras ocasiones él se enfermaba, pero nunca permitió que esto lo detuviese ni le hiciera perder un día de trabajo. Ese era el tipo de persona que era, muy activa y siempre moviéndose con rapidez.

Cuando Bud salió de la Marina a la edad de 21 años, uno de sus oficiales le escribió una carta de recomendación indicando que él sería "una persona muy útil para cualquier organización", y citaba su "integridad, honestidad y arduo trabajo". Esas características le sirvieron bien en el negocio de la manufactura de pintura industrial, donde de inmediato le dieron un puesto de gerente. Bud continuó ascendiendo rápidamente dentro de la corporación.

Fue administrador de ventas en el oeste medio del país, luego administrador de la planta en el noroeste de la zona del Pacífico, antes de aceptar estar a cargo de la operación de otra planta mayor en el sur de California a mediados de la década de los 80.

Después de la Navidad de 1989, sin embargo, Bud se engripó, y una semana más tarde notó la inflamación de las glándulas del cuello. Su doctor le recetó por un par de veces antibióticos, pero la inflamación no bajaba, así que le ordenó exámenes de la sangre. Entonces llegó el terrible diagnóstico. Bud no pareció perturbado cuando recibió la noticia, pero su esposa, Connie, casi no pudo mantener la compostura en el consultorio del doctor. Y cuando ambos salieron de allí y entraron en el automóvil, ella perdió el control. "Rompí a llorar a lágrima viva", ella nos cuenta. ¡Se trataba de Bud, el hombre que había sanado las heridas emocionales tan profundas que ella tenía, y que nunca había dejado de ser galante con ella!

"No nos precipitemos a hacer conclusiones", le dijo él con dulzura, tratando de consolar a ambos. "Aun no sabemos nada con seguridad. Escuchemos lo que dicen los expertos". Sin embargo cada día parecía una eternidad hasta el día de la cita con el especialista. Antes de conocerse Connie y Bud habían experimentado el dolor y la frustración del fracaso de una relación matrimonial. La hija de Bud había crecido y se había casado, y su hijo estaba casi listo para graduarse de la enseñanza secundaria cuando se divorció de su primera esposa.

Los terribles conflictos que marcaron el divorcio de Connie la dejaron con profundas heridas emocionales y cicatrices de amargura. Cuando su primer esposo cumplió sus amenazas de luchar y ganar la custodia de sus dos hijos pequeños, ella experimentó un dolor tan profundo, que nunca imaginó que era posible experimentar. Connie se prometió a sí misma que jamás tendría nada que ver con los hombres, el matrimonio y todo el concepto del amor romántico, y enfocó sus energías en su trabajo como asistente de producción en la planta que Bud dirigía.

Al principio, Connie rechazó la más mínima expresión casual de amistad de parte de Bud. Luego, gradualmente, de forma asombrosa y contra toda probabilidad, la amistad tenaz de Bud, su interés, y aceptación comenzaron a romper su coraza protectora. Muy lentamente, Connie abrió su corazón y comenzó a creer que podía amar de nuevo. Inclusive comenzó a sonreír y hasta reírse. Cuando Bud le pidió que se casara con él, ella le contestó que sí.

Tal vez porque él estaba determinado a tener un mejor matrimonio y ser un mejor esposo de lo que había sido la primera vez, quizás porque él sintió la necesidad desesperada de Connie, de una dosis constante de amor para sanar sus antiguas heridas y borrar sus persistentes dudas, Bud nunca dejó de tratarla como una reina. Casi todas las mañanas él se levantaba antes que ella, le preparaba una taza de café y se la traía a la cama con la tira cómica "El amor es" del periódico. A veces él le agregaba algunas palabras apropiadas. Y si estaban fuera de la ciudad y no tenía periódico, él le dibujaba su propia tira cómica. A través de los años, sus constantes demostraciones de amor incondicional cerraron heridas en el corazón de Connie que ella pensó que siempre permanecerían abiertas. "El amor de Bud ha sido un don inefable para mí", dice ella.

Sin embargo, el mundo idílico de Bud y Connie pareció derrumbarse alrededor de ellos ese día en el consultorio del doctor. Los siguientes viajes para ver al especialista les trajeron buenas y malas noticias. La malas noticias les llegaron cuando el diagnóstico original fue confirmado. Las buenas noticias eran que el cáncer de Bud era "linfoma crónico", El doctor les aseguró a Bud y Connie que él tenía pacientes que habían vivido con ese tipo de enfermedad durante años con poco cambio en su estilo de vida. El tratamiento que le recomendó fue observación regular y quimioterapia periódica si la enfermedad recurría.

Connie se sintió un poco mejor, pero no pudo evitar pensar: *¿Qué haré si alguna vez pierdo a este hombre al cual he aprendido a amar tanto?*

Mientras tanto, Bud seguía adelante. Su salud siguió sin cambiar por casi un año. Y mientras la preocupación de Connie por El nunca se alejó de su mente por completo, Bud no permitió que su enfermedad cambiara su rutina diaria. El les dijo a pocas personas sobre el linfoma, escogiendo seguir como si nada le hubiera pasado. El único cambio que Connie vio fue el aumento del interés de Bud en la esfera espiritual de su vida. El oraba y leía la Biblia mucho más de lo que lo había hecho en años.

Durante su primer matrimonio, Bud había sido activo en una iglesia en Indianápolis, un incesante colaborador en cualquier y todo comité. Inclusive había predicado ocasionalmente cuando el pastor no estaba.

Pero luego que Connie y Bud se casaron y se mudaron a la zona noroeste del Pacífico, él comenzó un largo período de indecisión en cuanto a las cosas espirituales. La familia Schaedel ocasionalmente asistían a una iglesia cerca de su casa, pero nunca pudieron conectarse en ese lugar, y ni Connie ni Bud se involucraron en ninguna actividad. Cuando de mudaron al sur de California a mediados de la década de los 80, no habían encontrado una iglesia que pudieran llamar "su iglesia". Pero ahora, al enfrentarse con el cáncer, un recordatorio innegable de su inmortalidad, Bud manifestó una creciente hambre espiritual.

Bud le aseguró a Connie: "Tengo la fuerte sensación de que Dios no ha terminado conmigo todavía".

Durante el invierno de 1991, cuando el cáncer reapareció y los médicos comenzaron el primer tratamiento de quimioterapia,

Bud parecía tener un nuevo y creciente sentido de paz. Sin embargo, la quimioterapia no dio resultado y Connie comenzó a entrar en pánico. "Oh, Bud, ¡tengo tanto miedo!", ella le dijo llorando, "¿qué vamos a hacer?"

Bud le aseguró: "Tengo la fuerte sensación de que Dios no ha terminado conmigo todavía", y de alguna forma su firme confianza calmó los temores de ella.

Cuando finalmente comenzaron a hablar de su condición con sus amigos y familiares, muchos llamaron o escribieron para decir que estaban orando por Bud y que habían añadido su nombre a su cadena de oración. Bud le dijo a Connie que habían días en que él podía sentir el efecto de esas oraciones. Y las oraciones unidas a un segundo tratamiento de quimioterapia con una nueva droga experimental, finalmente obraron un cambio. El cáncer de Bud entró en remisión.

Poco tiempo después, Bud y Connie se fueron de vacaciones con una pareja de viejos amigos, de los días en que vivían en Indiana. Este hombre al igual que Bud, no asistía a la iglesia, así que Bud le preguntó la razón. Cada vez le daba una razón, Bud jugaba el papel de abogado defensor y le pedía que le explicara. El amigo comenzó a frustrarse más y más hasta que finalmente preguntó: "¿Estás tratando de abochornarme, hacer que me sienta culpable o qué?"

"Te pido disculpas", le dijo Bud, lamentando haber insistido tanto. "Creo que necesito un vaso de agua", y entonces se escapó a la cocina. Cuando Connie lo siguió, él le dijo: "Creo que acabo de escuchar todas las excusas que yo he dado para no ir a la iglesia, y tengo que cambiar eso".

Al buscar una iglesia, la familia Schaedel recordó cuánto les había gustado la Iglesia Comunitaria de Willow Creek, cuando habían visitado al hermano de Connie en el suburbio noroeste de Chicago.

Así que le escribieron y le preguntaron si podía recomendarles una iglesia en el sur de California que fuera similar en su estilo. Después de alguna investigación, él les informó de una iglesia llamada Comunidad Bautista de Whittier Area.

A la mañana siguiente, pocas horas después de escuchar la recomendación del hermano de Connie, un volante cayó del periódico que estaba leyendo Bud. Cuando lo recogió, no podía creer lo que veía: "¡Mira esto!", exclamó él. Era un listado de los programas que ofrecía la iglesia que les había recomendado el hermano de Connie. Ellos se pusieron de acuerdo de inmediato: "Esto *no puede ser* una coincidencia. Mejor es que vayamos a visitar esta iglesia".

Al siguiente domingo, se sentaron en la segunda fila, y ambos se sintieron de inmediato como en su casa. Bud sintió como que conocía al pastor Lee Eliason desde hacía mucho tiempo y ese sentimiento se profundizó en las siguientes semanas mientras ellos asistían regularmente a la iglesia. Bud siempre había estado orgulloso de ser una persona analítica y racional, pero con frecuencia se encontró conmovido por la música y el mensaje que escuchaba. Lo que había creído intelectualmente durante años, ahora de alguna forma le estaba tocando el corazón.

Mientras más comida espiritual devoraba, más tanto hambriento se sentía. Por primera vez en su vida, Bud comenzó a escuchar la estación de radio cristiana mientras manejaba de ida y vuelta al trabajo. Fue allí donde escuchó por primera vez sobre algo llamado la conferencia de los Cumplidores de Promesas. Oyó parte de los anuncios dos o tres veces, y fue suficiente como para sentirse intrigado. Pero no tuvo una idea clara de lo que era la organización Cumplidores de Promesas o de lo que iba a suceder en la conferencia que estaba planeando para ese verano en Colorado.

Más tarde, en la primavera de 1993, Bud le preguntó de forma casual a uno de los líderes de la iglesia, qué sabía sobre los Cumplidores de Promesas y la conferencia que se avecinaba. El rostro del hombre se iluminó, sus ojos se fijaron en los de Bud, y le dijo: "¡Creo que he estado orando por usted! He estado buscando a alguien interesado en asistir a la conferencia, para luego motivar a los hombres de nuestra iglesia a involucrarse con los Cumplidores de Promesas.

Bud siempre había estado orgulloso de ser una persona analítica y racional, pero encontró que lo que había creído intelectualmente durante años, ahora de alguna forma le estaba tocando el corazón.

Bud literalmente dio un paso atrás, levantó la mano y dijo: "¡Oiga, tan sólo estaba preguntando! Yo estoy muy ocupado para asistir a esa conferencia".

Connie nunca había oído hablar sobre los Cumplidores de Promesas, pero lo animó a que averiguara más sobre la conferencia."¿Por qué al menos no llamas a mi hermano Larry y le preguntas qué sabe él de esto?" le dijo ella. "El vive sólo a unos cuantos kilómetros de Boulder, y quizás sepa algo".

Así que Bud llamó a Larry, quien había escuchado muchas cosas buenas sobre los Cumplidores de Promesas, de varios hombres en su iglesia que habían asistido el año anterior. "Si tú vienes, yo te acompaño", le dijo Larry.

Bud asintió de inmediato, y él y Larry se unieron a 50.000 hombres en el estadio de fútbol de la Universidad de Colorado, bajo un sol abrasador y un calor de 38 grados, durante los dos días de la conferencia.

Larry estaba preocupado de cómo podría afectar a Bud el terrible calor. El mismo en ocasiones buscó la sombra en la parte posterior del estádio. Pero a través de la conferencia, Bud parecía ajeno a las incomodidades físicas, quizás porque estaba tan contento de formar parte de ese evento. Desde las primeras palabras de la conferencia, Bud quedó totalmente absorto. La profunda y fuerte resonancia de 50.000 voces masculinas que se levantaban en canciones de alabanza y adoración conmovieron a Bud como ninguna otra música que él hubiera escuchado. Y los oradores de las conferencias principales, uno tras otro, parecía que lo señalaban a él en esa imponente multitud, y le hablaban directamente al corazón.

El drama comenzó en la sesión de apertura el viernes en la noche, cuando el orador Greg Laurie retó a los hombres a asegurarse de que estaban confiando en Jesús como su Salvador. No era suficiente, dijo él, que asistiesen a la iglesia con regularidad, o aún que estuviesen en esa conferencia. Solamente el compromiso de sus vidas a Cristo les podía traer a la familia de Dios, darles el poder para vivir como verdaderos cumplidores de promesas, y asegurarles la vida eterna en el cielo.

Mientras Bud escuchaba, se dijo a sí mismo: *Yo nunca he hecho eso. Durante todos estos años de asistir a la iglesia, leer la Biblia y todo lo demás, yo nunca le he entregado mi vida a Cristo. Necesito hacerlo, y ¡esta noche es la noche! ¡Gracias, Señor!*

Pocos minutos después, cuando el predicador les pidió a los hombres que desearan entregarles sus vidas a Cristo, que salieran al pasillo y caminaran hasta el frente de la plataforma, Bud se volteó hacia Larry y le dijo con convicción: "Necesito ir allí". Larry le sonrió, y le dio un fuerte abrazo. Entonces Bud salió de su lugar y se unió a la corriente de hombres que caminaban hacia la plataforma.

Mientras alcanzaba el área frente a la plataforma, Bud se dio cuenta de que el lugar se estaba llenando rápidamente de hombres que al igual que él, estaban listos para tomar la decisión más importante de sus vidas. Llegaban y llegaban, cientos, miles de hombres de todas partes del estadio, hasta que el área estuvo repleta. Los hombres sonreían y lloraban, se abrazaban y se estrechaban la mano.

Un consejero se acercó a Bud y a algunos otros hombres les repasó brevemente los pasos para aceptar a Cristo como Salvador y les preguntó si tenían preguntas. Lo próximo fue que Greg Laurei les pidió que se arrodillasen mientras él los guiaba en una oración de confesión y dedicación. Bud se arrodilló con los demás repitiendo la oración mientras pensaba: *Esto es lo mejor que he hecho en mi vida. Nunca he estado tan seguro como ahora en cuanto a algo que te tenido que hacer.*

Sin embargo, ése fue tan sólo el comienzo de la transformación de Bud ese fin de semana. Cuando los otros oradores retaron a los hombres a la pureza e integridad personal, Bud comparó sus propios valores con los de Cristo y oró: "Señor, ahora sé que en el pasado no he estado ni cerca de ser un hombre santo. Necesito tu ayuda para adoptar valores más altos desde este momento en adelante. Por favor, guíame y dame la fortaleza".

Cuando el orador Howard Hendricks llamó a los hombres a comprometerse a ser mentores espirituales, expresando que cada cumplidor de promesas necesitaba un Timoteo en su vida para discipular, Bud pensó inmediatamente en su yerno Andy, el esposo de su hijastra. Cuando Hendricks también dijo que cada cumplidor de promesas necesita un Barnabás a quien rendirle cuentas de sus actos, Bud y Larry se voltearon y se miraron. En el instante en que sus ojos se encontraron, ambos sabían, sin decir una palabra, que serían el Barnabás el uno del otro.

Y a medida que varios oradores hacían un llamado a los hombres cristianos a hacer una diferencia en el mundo a su alrededor, Bud pudo ver por primera vez lo que Dios quería hacer a través de él. *Más hombres de nuestra iglesia deben venir a esta reunión el año próximo,* pensó Bud. *Les contaré lo que Dios ha hecho en mí este fin de semana, y ellos desearán venir. Dios les ministrará de la forma en que me está ministrando a mí.*

Por causa de nunca haber experimentado nada comparado con la experiencia cumbre de la conferencia, Bud deseaba compartir sus impresiones con Connie. "¡Fue algo increíble!", él le dijo a ella. "¡La música, los oradores, todo! Simplemente sé que Dios quería que yo estuviese allí". Connie no sólo demostró interés, sino que se sintió inspirada por la emocionante descripción de la conferencia. Sin embargo a Bud le hubiera gustado que ella hubiera estado presente, para verlo por sí misma, porque las palabras, no importa cuántas o cuán apasionantes, simplemente no podían comunicar la profundidad de lo que él había visto y sentido. Así que se

prometió a sí mismo demostrarle, durante las siguientes semanas y meses, que él era un hombre cambiado. También
decidió que cuando regresara a su hogar, él iría directamente
a ver al equipo de su iglesia y les diría que quería ser el
hombre que promoviera las conferencias de los Cumplidores
de Promesas: Su meta sería reclutar el mayor número posible
de hombres para que asistieran a la conferencia de los Cumplidores de Promesas que iba a tener lugar en Anaheim la
próxima primavera.

Al llegar a su hogar Bud observó que tenía una·erupción
con llagas en forma de una banda de unos doce centímetros
en el lado derecho de la cintura, que le corría desde el centro
de la espalda hasta el centro del abdomen. Inmediatamente
fue al doctor, quien le dijo que era el peor caso de herpes
zoster que había visto.

Pronto la erupción comenzó a desaparecer, pero la incomodidad de la picazón fue reemplazada por un dolor muy fuerte.
Se sentía como si alguien estuviese apuñaleándolo con largos
pedazos de vidrio. Las veinticuatro horas del día, semana tras
semana, Bud experimentó una agonía física terrible. Los
remedios no le calmaban el dolor, y los doctores le ofrecían
muy poco ánimo. Ellos le dijeron a Bud que no había forma
de predicar cuánto iba a durar su dolor. Podía cesar y desaparecer casi inmediatamente, pero ellos habían tenido pacientes
con herpes zoster que habían sufrido dolòres neurológicos
durante meses y aun años. Al escuchar esto, Bud le dijo a
Connie con convicción: "Tengo el presentimiento de que este
dolor es algo con lo que tendré que lidiar el resto de mi vida".

Aunque parezca increíble, Bud ni aun así faltó un día al
trabajo. Lo que les pareció aun más extraordinario a Connie
y a las personas cercanas a Bud era que a pesar del sufrimiento físico que lo debilitaba, y la abrumadora cantidad de
trabajo con el que se enfrentaba cada día en la oficina, Bud
se preparó para cumplir con el compromiso que hiciera con
Dios y con sí mismo en Boulder. El quería ser un cumplidor
de promesas y nada lo iba a detener.

No perdió tiempo en hacer una cita para almorzar con su pastor, Lee Eliason. A los pocos minutos de estar en el restaurante, Bud había pasado de la conversación rutinaria sobre el estado del tiempo, los deportes, y esa conversación casual entre los hombres, para preguntarle a su pastor qué estaba sucediendo en su vida. "Casi no almorzamos ese día", Lee recuerda. "Yo sentí que Bud tenía un interés genuino en mí. El expresó con claridad que deseaba saber qué cosas me interesaban, así que le contesté con la mayor honestidad posible, contándole con lo que estaba luchando en ese momento como ministro y como hombre. El me escuchó con mucha atención, demostrando empatía y apoyo".

Por primera vez, Bud le habló a Lee sobre su linfoma. "¿Cómo se siente en cuanto a eso?", le preguntó Lee.

"La incertidumbre que pende sobre mi futuro es posiblemente lo peor de todo", le contestó Bud. "Tengo una esposa maravillosa y una nueva profundidad de amor por ella, y ahora sería más difícil que nunca tener que decirle adiós".

"Pero ahora tiene una mayor apreciación de cuánto Dios la ama y de que El se ocupará de ella si algún día usted falta", Lee le sugirió.

"Es cierto", Bud dijo con seguridad. "Y eso es parte del porqué me siento tan entusiasmado sobre los Cumplidores de Promesas. Deseo ver a otros hombres en una de estas conferencias recibiendo tanto de Dios como recibí yo. Deseo que ellos tengan la misma seguridad sin mencionar el mismo sentido de propósito que tengo yo ahora".

Lee se quedó impresionado con los cambios de Bud y con su obvia dedicación a Dios y a su familia. "Pero quizás el resultado más significativo de esta nueva relación que yo estaba desarrollando con Bud Schaedel", Lee cuenta, "era que yo sentía su compromiso personal y apoyo. Mientras nos disponíamos a despedirnos, me preguntó si podía orar por mí y me sentí realmente llevado hasta la presencia de Dios por la sinceridad de Bud".

Esa conversación a la hora de almuerzo no fue algo casual. En los meses venideros, dondequiera que Bud veía a su pastor, le preguntaba cómo deseaba que orara por él. Y en reuniones de la iglesia, Bud siempre decía: "Debemos orar por nuestro pastor". Cuando un grupo de hombres comenzaron a orar con Lee antes de cada servicio, él recuerda: "Fue una experiencia que me llenó de humildad. Me sentí apoyado como nunca me había sentido en tantos años de ministerio. No estaba tan sólo Bud allí apoyándome y animándome con su amistad, sino que su ejemplo y estímulo inspiró un movimiento entre los hombres a orar por mí y apoyarme de tal forma que creo que eso jugó un papel importante en un avivamiento que tuvo lugar más tarde en nuestra iglesia".

En cada oportunidad que se le presentaba en la iglesia, Bud hablaba de los Cumplidores de Promesas y de la conferencia que se avecinaba. En una reunión de hombres alguien dijo: "¿No sería maravilloso si pudiéramos reunir 50 hombres para que fuesen a la conferencia?"

La respuesta de Bud fue: "¡Seguro que podremos superar ese número!"

"¿Qué tal 100 hombres?", otro propuso.

"¡No, un número más alto!", recomendó Bud.

Finalmente se acordó en tratar de que asistieran 150 hombres. Pero todo el mundo tuvo la impresión de que Bud no estaría satisfecho hasta que cada hombre en la iglesia se hubiera matriculado.

En ocasiones parecía que iba a reclutar a todo el mundo. El mismo compró un sinnúmero de cintas que expresaban la música, el mensaje y el espíritu que había experimentado en Boulder. El detenía a amigos, conocidos y aun visitantes, antes y después de los servicios, les daba una cinta de video, y les hacía prometer que la mirarían y orarían en cuanto a asistir a la conferencia de Anaheim.

Todo el mundo tuvo la impresión de que Bud no estaría satisfecho hasta que cada hombre en la iglesia se hubiera matriculado.

Y Bud no limitó sus esfuerzos de reclutamiento a la iglesia. El les dio cintas a hombres en su trabajo, lugar donde nunca antes había demostrado abiertamente su fe. "La primera vez que hablé con Bud por teléfono después de su viaje a Boulder, él me contó un poco sobre su experiencia, y pude sentir que era otro hombre", recuerda Bob Ripley, uno de los dirigentes de las oficinas centrales de la compañía de Bud. "Yo había terminado de leer el libro de Chuck Colson *El Cuerpo,* así que le compré a Bud un ejemplar y se lo envié".

Bud llamó a Bob para darle las gracias por el regalo y para decirle que le estaba enviando una cinta de la última sesión de la conferencia de Boulder. "Esto es algo en lo que tiene que involucrarse, Bob", él dijo. "Dicho sea de paso, el próximo verano habrá una conferencia allí en Indianápolis, y tiene que prometerme que asistirá".

Las semanas pasaron y el verano se convirtió en otoño; Bud y su cuñado Larry hablaron regularmente por teléfono sobre sus sentimientos más profundos y preocupaciones. Larry que había sido jefe de policía en un pequeño pueblo, estaba pasando por un período de transición desalentador y difícil buscando trabajo.

Así que Bud pasó la mayor parte del tiempo que hablaban por teléfono tratando de levantarle el ánimo a Larry, asegurándole que él estaba preocupado por su situación y que oraba por él. Siempre le decía que confiara en la fidelidad de Dios.

En su casa, Bud trataba de fortalecer los compromisos con su familia. "Bud había sido siempre bastante afectuoso con su hija y con la mía", Connie cuenta. "Pero pude ver más ternura hacia ellas y una nueva demostración de afecto con los varones". Bud se mostraba abierto con nosotros, cosa que no había sucedido antes.

Después de 20 años de matrimonio, el amor incondicional de Bud hacia Connie había cambiado tanto su vida que ella dice que pensó: *No hay forma de mejorar lo perfecto.* Pero los valores de Dios en su esposo probaron ser mejores que los de ella. "A pesar de lo cercano que éramos", Connie dice: "A pesar de todo lo que siempre compartíamos, profesionalmente y en nuestro matrimonio, cuando Bud regresó de esa conferencia de Boulder, pasamos a un nivel de intimidad mucho mayor del que habíamos conocido.

Comenzamos a compartir a un nivel espiritual completamente nuevo".

Entonces, en el otoño de 1993, el cáncer reapareció. Fue mucho más pronto de lo que su doctor había esperado. Otro tratamiento de quimioterapia comenzó en enero de 1994.

Cuando Larry supo que Bud iba a comenzar el tratamiento, le escribió una carta:

> Querido Barnabás:...Tengo algunas cosas que decirte. Estos últimos años, especialmente este último año, han sido los tiempos más difíciles de mi vida. Quiero que sepas la gran inspiración que tú has sido para mí. Si alguien buscara el significado de la palabra *perseverancia* en el diccionario, debieran ver una foto tuya. Siempre que pensaba que no podría resistir otro desencanto, pensaba en ti y en tu comportamiento a través de tu odisea, y encontraba el valor para encarar otro día. El sólo saber que tú estabas allí como mi red de seguridad, me daba la habilidad de seguir adelante y no abandonar desesperado... El que demostrases tu amor y apoyo por mí y por mi familia mientras tú mismo sufrías, me resultaba imposible de comprender. Gracias, Barnabás.
>
> Hay tres cosas que sé: Connie te ama, Dios te ama, y nosotros te amamos. Por favor, si en algún momento puedo hacer algo por ti, llámame. Yo desearía poder arreglar tu situación. Estoy orando por ti.
>
> Con cariño, otro Barnabás.

Muchas personas oraron por Bud durante esos meses de quimioterapia. Sin embargo, muy pocos sabían lo mal que se encontraba, porque él nunca hablaba de sí mismo o de su sufrimiento. También, continuó trabajando, saliendo al mediodía para la terapia con un nuevo médico en un hospital cercano a su hogar.

A través de toda la odisea, Bud continuó reclutando a más hombres para la conferencia de Anaheim en mayo. Para ayudar a algunos hombres que no podían pagar la cuota de registración, la familia Chaedel creó un fondo de becas.

Durante este tiempo, Bud le dijo al Pastor Eliason que deseaba ser bautizado en la iglesia. El lucía débil y pálido esa mañana puesto de pie en el bautisterio junto a su pastor. Pero cuando se le preguntó cuándo Cristo se hizo real en él, la voz de Bud resonó en la iglesia. El dijo brevemente cómo escuchó por primera vez sobre los Cumplidores de Promesas y decidió asistir a la conferencia en Boulder. Mientras su voz se entrecortaba de emoción, él dijo: "Fue allí arrodillado junto a 50.000 hombres que oré para aceptar a Cristo en mi corazón por primera vez".

Después de esa confesión pública de fe que hizo Bud, Lee lo bautizó. Fue uno de los días más felices de la vida de Bud.

Mientras él intensificaba sus esfuerzos para matricular a más hombres para la conferencia de los Cumplidores de Promesas, el tratamiento de quimioterapia comenzó a afectarle la salud. Uno de los peligros de la quimioterapia es la creciente susceptibilidad a las infecciones. Así que cuando Bud tuvo 40 grados de fiebre, Connie le puso bolsas de hielo debajo de los brazos y lo llevó de prisa a la sala de emergencia. Los doctores lo examinaron y lo enviaron a la casa. Su fiebre había bajado, pero él transpiró tanto, que Connie tuvo que cambiar las sábanas tres o cuatro veces en la noche. El jueves de noche, cuando le subió la temperatura de nuevo, Connie llevó de prisa a Bud al hospital, sólo para ser enviados una vez más a la casa. El viernes tuvo otro tratamiento de quimioterapia, y la siguiente noche tuvo tanta fiebre y delirios que se cayó y se hirió la cabeza. Connie lo llevó de prisa al hospital, pero fueron enviados de regreso a la casa otra vez.

El lunes, Bud llamó al doctor para explicarle que se sentía extremadamente enfermo y para exigir una cita de inmediato. Los empleados del doctor sólo cambiaron la cita que tenía el jueves para el miércoles. Para mediados de semana, Bud estaba tan débil que Connie tuvo que ponerlo en una silla de ruedas para llevarlo al doctor. Su presión sanguínea había bajado a 70/48, y los riñones comenzaron a dejar de funcionarle. También tenía una infección en la sangre que subió su recuento globular en forma considerable. El doctor lo admitió al hospital de inmediato.

La gravedad de la condición de Bud era evidente para cualquiera que entrara a su habitación. Para aquellos visitantes que le habían visto por última vez en la iglesia o en el trabajo la semana anterior, su súbito deterioro los dejaba anonadados. Sin embargo, seguía de buen espíritu. Cuando alguien comentaba lo difícil que podía ser la vida, Bud respondía: "La vida no es tan difícil. Es un campo de entrenamiento para llegar al cielo". Y les continuaba hablando a los visitantes sobre los Cumplidores de Promesas.

El jueves, Connie le preguntó al médico si la situación requería que llamara a los hijos de Bud. El doctor le respondió que si fuese su familia, él los llamaría. Así que ella los llamó, y los hijos hicieron la reservación de vuelo para la próxima mañana. El jueves por la tarde, la respiración de Bud se tornó tan difícil que fue trasladado a la sección de cuidado intensivo y puesto en un respirador.

Una vez que le insertaron el tubo en la garganta Bud ya no pudo hablar. El tuvo que recurrir a comunicarse por señas. Pero cuando el presidente del grupo de hombres de la iglesia llegó esa noche, Bud emocionado sostuvo en alto sus 10 dedos. Connie tuvo que interpretar: "Bud quiere decirle que hemos decidido donar 10 becas para la conferencia de los Cumplidores de Promesas. Así que el domingo él desea que usted anuncie que no hay razón para que alguien no vaya por falta de fondos".

Ese fue el último mensaje de Bud al mundo aparte de su familia. El había hecho todo lo que pudo para proporcionarles al mayor número posible de hombres la oportunidad de experimentar por ellos mismos la conferencia de los Cumplidores de Promesas. El viernes en la mañana, había perdido el conocimiento, y durante la madrugada del sábado, Bud Schaedel murió.

El próximo martes en el funeral de Bud, varios hombres de su iglesia hablaron. En medio de su discurso, el pastor Eliason leyó la "carta de Barnabás" que Larry le había enviado a Bud, y enseñó un video del bautismo de Bud para que de esa forma Bud pudiera dar su propio testimonio a aquellos que habían venido a su funeral.

Después del servicio, un caballero se acercó a Connie y le dijo que era uno de los representantes locales de los Cumplidores de Promesas. El le dijo que sabía que era un momento muy difícil para ella, pero que se había quedado tan conmovido con la historia de Bud, que él se preguntaba si Connie daría permiso para que dicha historia fuera relatada en la conferencia de Anaheim. Connie le concedió dicho permiso, y dos semanas después de la muerte de Bud Schaedel, en la última sesión de la conferencia en el estadio de Anaheim, Lee Eliason fue llamado a la plataforma. El les contó a los hombres que llenaban el estadio sobre cómo conoció a Bud Schaedel, un hombre cuya vida había sido cambiada en le conferencia de Boulder poco menos de un año atrás. El habló conmovido sobre el impacto del amor de Bud y el apoyo que éste le había ofrecido a él y a su ministerio. El mostró un pedazo breve del video del testimonio de Bud durante su bautismo, y contó sobre la muerte de Bud tan sólo 14 días atrás. También explicó lo incansablemente que Bud había trabajado esos últimos meses de su vida para lograr que muchos hombres asistieron a la conferencia en Anaheim. Entonces, Lee dirigió la atención de todos a un lugar en específico en la parte superior de las bancas y les pidió a los 250 hombres de su iglesia que se pusiesen de pie en honor a Bud Schaedel.

El estadio irrumpió en aplausos que fueron sostenidos por casi un minuto antes que Lee pudiera ser escuchado de nuevo diciendo: "Me gustaría decirles una cosa sobre Bud Schaedel esta noche". Entonces contó sobre la costumbre de Bud durante 20 años, de llevarle café y la tira cómica de "El amor es" a su esposa cada mañana antes que ella se levantara. Lee continuó diciendo cómo ese ejemplo lo había avergonzado. "Voy a extrañar a mi amigo Bud Schaedel", dijo concluyendo. "Pero esta noche, me siento honrado de presentarles a ustedes a una dama muy especial, la viuda de Bud, Connie Schaedel". Una vez más la multitud de 50.000 hombres irrumpieron en aplausos poniéndose de pie y dando vítores, de tal forma que creo que fueron oídos por los visitantes de Disneylandia, a un par de kilómetros de distancia. Durante más de un minuto, Connie estuvo de pie frente al púlpito, recibiendo la respuesta sobrecogedora y moviendo la cabeza asombrada. Cuando cesaron los aplausos y los vítores, ella le dijo a un estadio lleno de hombres: "Esto es, en realidad, un honor increíble. Bud fue un esposo excepcional, un buen padre, un hombre que le gustaba acercarse a los hombres y mujeres de todas las razas y culturas. El era un hombre de verdad, y además de todo eso, tenía un maravilloso sentido del humor.

"Ese fue el hombre con el que compartí mi vida durante 21 años. El siempre fue un cumplidor de promesas en formación. El año pasado fue a Boulder con una muy corta oración en sus labios. Bud oró: 'Señor, cambia mi corazón'. Y en realidad eso sucedió. Yo no creía que se podía mejorar algo perfecto. Pero la historia mejoró, porque él se convirtió en un ser humano completo y total. Después de esa conferencia Bud pudo expresar su amor por el Señor y por los demás hombres. Esa había sido una parte de su personalidad que nunca se había desarrollado completamente.

"La explosión que tuvo lugar en su corazón el año pasado en Boulder ha provisto increíbles resultados en todos aquellos que le amamos, en mí, en nuestra familia, en sus amigos y en nuestra amada iglesia. Todos nos convertimos en cosechadores de promesas.

"Caballeros, sólo deseo que todos ustedes sepan que esto produce resultados. La maravillosa gracia de Dios cayó sobre Bud el verano pasado en Boulder, y caerá en ustedes".

Una vez más el estadio prorrumpió en vítores y aplausos que duraron hasta mucho después que Lee y Connie habían bajado de la plataforma.

La influencia que ejerció Bud Schaedel en los últimos meses de su vida todavía continúa. Durante las semanas siguientes, Connie supo que a través de la influencia de Bud, un hombre joven que había trabajado con él llevó a 10 hombres de su iglesia a la conferencia de Anaheim, y un amigo de ese joven llevó a 15 hombres más de otra iglesia. Unas semanas después, el amigo de Bud, Bob Ripley llevó a un grupo de 68 hombres de su iglesia a Grand Rapids, Michigan, a una conferencia de los Cumplidores de Promesas en Indianápolis. En total, cerca de 350 hombres asistieron a las conferencias de los Cumplidores de Promesas en 1994 a través del esfuerzo y la influencia de Bud Schaedel.

Muchas de esas personas han experimentado una trasformación en sus vidas, comenzando con Connie y con el yerno de Bud, Andy, quien fue a Anaheim usando la entrada de Bud, y en esa conferencia dedicó su vida a Cristo. Desde el otro lado del país Bob Ripley informa que como resultado de la influencia de Bud, la vida de 68 hombres fue cambiada para siempre, como lo fue su iglesia.

Algunos meses después de la conferencia, Connie conoció a un hombre de su propia iglesia quien confesó: "Yo también estuve en la conferencia en Boulder en 1993. Pero esa última noche, yo no estaba preparado para convertirme en un cumplidor de promesas. Sin embargo, a medida que observaba cómo Dios usó a Bud durante los últimos meses de su vida, entendí el grave error que había cometido. Ahora me he comprometido a ser un cumplidor de promesas".

Quizás Larry, quien fuera el cuñado de Bud y su Barnabás, lo expresa mejor cuando dice: "En la vida de Bud vi un poderoso ejemplo de cómo Dios obra a través de una persona que está dispuesta a hacer un compromiso total con El".

Evaluación personal

Si usted pudiera escribir su propio epitafio, ¿qué le gustaría que dijera? ¿Por qué?

En el grupo

1. ¿Qué ha hecho desde la última sesión para alcanzar al mundo que lo rodea? ¿Qué hará el próximo mes?

2. A continuación hay algunas reacciones posibles a la historia de Bud Schaedel. Marque todas las que se aplican a usted; luego comparta las que eligió con el grupo y sus razones para escogerlas.

_____ Me siento inspirado para tratar de ser un esposo como Bud.

_____ Me siento culpable por no ser tan buen esposo.

_____ Quisiera tener un impacto de esta naturaleza en mi iglesia.

_____ No creo que pueda tener esa clase de impacto en mi iglesia.

_____ Creo que Dios puede usarme en gran manera, aunque quizás no exactamente como a Bud Schaedel.

_____ No creo que Dios jamás haría algo excepcional a través de mi vida.

3. ¿Cómo trató Bud de apoyar a su pastor? ¿Qué puede usted hacer por su pastor?

4. En sus propias palabras, ¿cuáles fueron las principales motivaciones de Bud luego de su experiencia en la conferencia de los Cumplidores de Promesas?

5. ¿Qué cosa en especial en la historia de Bud le ha impresionado al grado de quererla imitar? ¿Por qué?

Mi respuesta

Complete la siguiente oración, y entonces dígasela a Dios: "Dios Todopoderoso, yo quiero ser un cumplidor de promesas que ponga en alto tus valores cada día de mi vida. El mayor obstáculo que veo para lograr ese fin es _____

_____

Por tu poder Señor, mi primer paso hacia la victoria será

_____

_____

En el nombre de Jesús, gracias por ayudarme a cumplir mis promesas".

Versículo para memorizar

"Todo lo puedo en Cristo que me fortalece"
(Filipenses 4:13).

Apéndice:
El resto de la historia

Una de las historias relatadas anteriormente en este libro fue dejada en cierto punto, porque pensamos que si le ofrecíamos todos los datos en ese momento, estorbaría su proceso de abordar los asuntos que se tratan en ella. Pero porque Dios obra en maneras maravillosas, ahora deseamos contarle el resto de la historia para gloria y honra del Señor.

Un cumplidor de promesas se esfuerza por alcanzar integridad en la ética

En la historia de ética del sargento Harvey Mitchel, usted puede recordar que él estaba a punto de regresar y ayudar a evaluar la unidad que lo había trasladado. Al principio el coronel Webb, su antiguo jefe, había puesto objeciones a la presencia de Harvey en el equipo de StanEval. Pero con la ayuda de Dios, Harvey trató por todos los medios de ser justo e imparcial. Y al final, el coronel Webb habló en privado con Harvey y le dijo: "Yo aprecio su integridad sargento Mitchell. Hubiera deseado que su situación aquí hubiera sido diferente, pero parece que las cosas han resultado a su favor".

Harvey sonrió y asintió. "Coronel Webb", le dijo "he aprendido a dejar que el Señor luche mis batallas".

Un año más tarde, Harvey recibió una petición para reunirse con el sargento Sherman, el superior inmediato que había instigado el despido de Harvey de la escuela de electrónica fundamental. Al principio Harvey tuvo sospechas, pero luego descubrió que Sherman estaba teniendo serios problemas maritales y con su carrera, y que lo había llamado porque "usted es la persona más recta que conozco que camina con Dios".

Harvey se quedó sorprendido, pero Sherman, por causa de sus dificultades, ¡escuchó el evangelio! Y ese mismo día, John Sherman confió en Jesucristo como su Salvador. Al domingo siguiente, Harvey tuvo el privilegio de bautizarlo.

"Toda la iglesia sabía quién era él", nos dice Harvey, "así que había lágrimas y alabanza a Dios a través de toda la congregación. Tenían delante de sus ojos un ejemplo de lo que sucede cuando dejamos que el Señor pelee nuestras batallas. En ocasiones El no tan sólo hace que sus enemigos estén por estrado de sus pies, sino que puede salvarlos y dejar que usted los bautice".

Sin embargo, Dios no había terminado aún. Un año más tarde, Harvey se encontró evaluando al mayor Zylinski, que también había participado en la injusticia que le habían hecho a él. Zylinsky ahora estaba retirado de la Fuerza Aérea y trabajaba como instructor civil en la base. El se quedó sorprendido y se puso nervioso cuando vio quién lo iba a evaluar, pero Harvey una vez más pudo, con mucha oración, ser justo e imparcial.

Al finalizar el tiempo que estuvieron reunidos, Zylinski miró a Harvey a los ojos y le dijo: "Sargento Mitchell, aprecio su integridad".

"Cuando regresé a contarles a los muchachos en StanEval lo que había sucedido", Harvey cuenta, "ellos no lo podían creer. Se reían y movían la cabeza, preguntándose cuáles eran las probabilidades de que se me asignara a mí evaluar a Zylinski entre todos los cientos de instructores que había en la base".

Harvey concluye su historia: "Yo sé que suena increíble, pero he aprendido que a Dios no le importan mucho las probabilidades. Cuando yo decidí dejar que El peleara mis batallas, El las ganó todas".

Reconocimientos

Este libro no hubiera podido salir a la luz sin el trabajo dedicado de muchas personas. A los Cumplidores de Promesas les gustaría reconocerlas y darles las gracias en forma pública por sus esfuerzos. Kurt Bruner y su equipo formado por Jim Guffey, Brad Mazzocco, Earle Morgan y Keir MacMillan, revisaron más de 8.000 cartas y testimonios enviados a los Cumplidores de Promesas para identificar las historias que usarían en este libro.

John Allen, de los Cumplidores de Promesas tomó cientos de esas cartas e hizo las primeras llamadas telefónicas para determinar cuáles serían las pocas historias que se podrían incluir en el libro.

Sherri Woods, del departamento legal de Enfoque a la Familia, preparó los contratos y documentos necesarios para publicar el libro.

Diane Eble llamó a los protagonistas de las historias, al igual que a sus esposas, padres, hijos, pastores y amigos, según fue necesario, y realizó las entrevistas minuciosas de las cuales las historias fueron escritas.

Donna Goodrich transcribió todas esas entrevistas para que el escritor pudiera usarlas en forma eficiente y lograr su cometido.

Gregg Lewis usó sus habilidades de narrador para darles vida a las historias y ayudar al lector a aplicar los valores de Dios a su propia vida.

Finalmente, como se señaló en la Introducción, la junta de consejeros de los Cumplidores de Promesas escribió la introducción de cada capítulo, y las secciones tituladas "Evaluación personal","En el grupo", y "Mi respuesta" para cada capítulo. Esa junta está compuesta por John Allen, el doctor Rod Cooper, el doctor Gordon England, Jim Gordon, Al Janssen, el doctor Gary Oliver, Pete Richardson, el doctor E. Glenn Wagner, Larry Weeden y David R.White.

Un agradecimiento especial a Susie Swenson de los Cumplidores de Promesas y a Lori LoCurto de Enfoque a la Familia por mecanografiar, copiar, y coordinar los cuartos de reuniones, preparar y enviar material por correo, recibir y enviar facsímiles, y coordinar mensajes telefónicos urgentes entre dos ministerios muy activos.

Recursos adicionales disponibles de Los Cumplidores de Promesas

LIBROS

Las siete Promesas de un cumplidor de su palabra, Miami, Fl. Editorial Unilit, 1995.

Disciplinas diarias para el hombre cristiano, Bob Beltz, Bogotá, Colombia: CLC, 1996)

Para más información en cuanto a recursos y conferencias, favor de escribir a:

> *Promise Keepers*
> P. O. Box 18376
> Boulder, CO 80308

Mis notas, oraciones, y compromisos

Mis notas, oraciones, y compromisos

Mis notas, oraciones, y compromisos

Mis notas, oraciones, y compromisos

Mis notas, oraciones, y compromisos